在地京都人帶你超值遊京都

葛雷哥萊青山◎著
王麗芳◎譯

「本書的聰明使用法」

這是一本由勤儉持家的京都人
——葛雷哥萊青山所寫的京都導覽書。

㊔從許多京都名勝古蹟當中
嚴選「物超所值」的好物。

京都有很多「非看不可」的
超值寺廟、神社和美術館。

這些名勝古蹟的周邊也藏著許多超值品
值得順道「品嚐」或「購買」。

這次為了發掘超值品商店，㊔走到腿都快斷掉了。

京都有很多超值品商店
外觀看起來很普通、很樸實
只有內行的當地人才知道。

(葛)希望介紹儉樸京都人都認可的商店
讓更多人享受「買到賺到～」的感覺。
(葛)是因為這樣的理由，而寫這本書的。
請各位務必拿著這本書，來一趟充實的「超值京都之旅」。

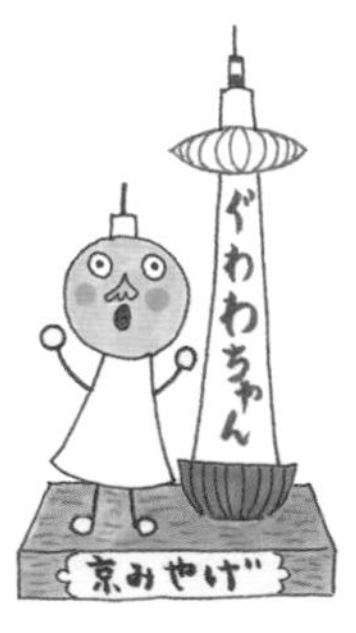

◉ **各個名勝古蹟・觀光景點的符號**

造訪各個名勝古蹟、觀光景點時
不妨順道品嚐、參觀、購買的地點或商品
本書特別用以下的符號標示：

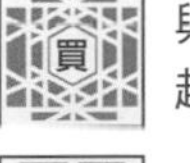
與同伴分享或自己收藏兩相宜的
超值紀念品

常客或京都人也能找到樂趣的
超值觀光景點

便宜、可口、份量又多的
超值餐廳或小吃店

目次

1. Youjya的燈籠　2. 萬願寺辣椒　3. 懷舊京都的舞妓紀念品　4. 祇園祭的鉾＊　5. 祇園的舞妓　6. 永福寺的賓頭盧蛸　7. 千本釋迦堂的布袋和尚　8. 龍安寺的瓦　9. 大原的紀念品店　10. 枡形商店街的水果店　11. 京都鐵塔的吉祥物　12. 龜岡的H商店街

＊有高聳頂端，並裝飾著各種形狀刀的遊行花車

13. 先斗町的招牌　14. 京都鐵塔酒吧「空」的雞尾酒The kyoto tower　15. 佛具店賣的寶蓋　16. 下鴨神社相生社的繪馬＊
17. 圓德院的電風扇　18. 愛宕古道的鬍鬚不倒翁　19. 京都國體吉祥物未來君　20. 和尚　21. 龍安寺的杉庭
22. 弘法市集賣的裝飾品　23. 圓茄　24. 八橋的吉祥物夕子

＊信眾的許願道具。跟神社或寺廟購買繪有圖案的木排，在上面寫下願望，並掛在指定的地方。為代替古時獻祭活馬，大多是馬形圖案

嚴選！魅惑8區 物超所值悠閒散步

25. 供試吃的醬菜（錦市場） 26. 八坂庚甲堂的三隻猴子 27. 鴨川的情侶 28. 町屋＊的格子窗 29. 兼賣烤魚的魚販（錦市場）
30. 京都糖（錦市場） 31. 甜點店前（三条會商店街） 32. 矢田地藏尊的地藏菩薩 33. 來迎院的紙罩座燈
34. 從京都車站大樓遠眺看似雙胞胎的京都鐵塔 35. 地主神社的護身符販賣處 36. 芸艸堂的明信片

＊門口對著街道，可作為店面或工作室的傳統木造房子

37. 文具店賣的紙（三条會商店街）　38. 西陣烏龍麵店的櫥窗　39. 澡堂的籃子　40. 矢田地藏尊的燈籠
41. 妙心寺壁上掛著和尚的斗笠　42. 雜糧店的店門口（錦市場）　43. 兼賣冰淇淋的烏龍麵店櫥窗（錦市場）　44. 鯡魚製成的小菜（錦市場）
45. 祇園町屋的拉門　46. 舉行地藏菩薩法會時的地藏菩薩和燈籠　47. 供奉薰天神的迷你鳥居　48. 各種日式饅頭

京都超值品很多的原因
東西可不是便宜就好哦～
京都的商店都被京都人教得很好。舉個例子來說，在某家麵包店
不好意思，麻煩你把土司麵包切成8片
好，請稍等一下
等了一會兒後
呃～不好意思
切成7片可以嗎～我切了，不過只切成了7片
呵呵
看起來像打工族 應該不是京都人
之前一定都用這一招打馬虎眼的
很可愛
是嗎？沒差那一片啦。只好這樣了，長這麼可愛，7片就7片唄
這是哪裡的方言
來自其他地方的歐吉桑應該就會這麼說…
可是呢，小姐，這裡是京都。
京都的歐巴桑
是嗎～
不知爲什麼 穿和服
絕對不會寵壞店員
笑瞇瞇
請妳還是要照我說的切成8片
眼睛沒有笑意
九條蔥
其實裡面的含意是這樣
如果8片我就可以吃8天，如果7片就只能吃7天啊（動怒）
妳以爲陪笑臉就可以解決事情喔？很不專業吔（壞心眼）
其實只是打工族
像這樣，只有禁得起京都歐巴桑嚴格教育（？）的商店，才能在京都屹立不搖。

京都名勝12處和周邊的吃喝玩樂

每個人都想再去一次的
京都觀光名勝。
其實周邊有很多不為人知的超值品。

來去三十三間堂！

三十三間堂以千尊千手觀音聞名，不過每次來這裡，都會想像這些佛像化身為巨星，上演一齣華麗的音樂劇。想抽離這樣令人目眩的妄想世界，不妨去智積院。

充分享受深山般的綠意之後，來當地超人氣的小吃店填飽肚子吧？

附近的超值品

食 ⊗ 2處
觀 ⊗ 1處
買 ⊗ 1處

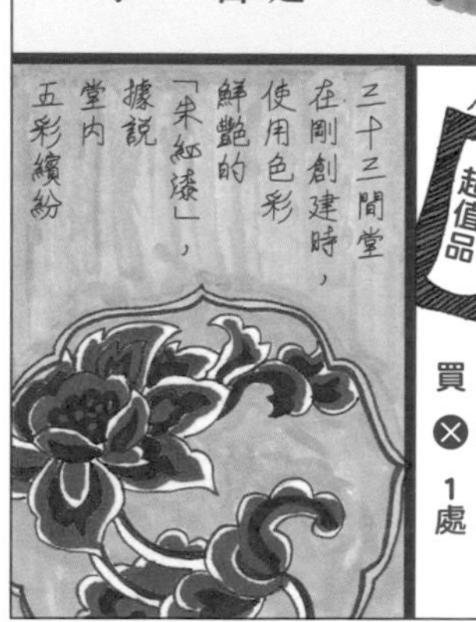

三十三間堂
在剛創建時，
使用色彩
鮮艷的
「朱紅漆」，
據說
堂內
五彩繽紛

那羅延堅固王
(Naraenkengo)

摩羅迦王
(Mahoraga)

阿修羅王
(Asura)

緊那羅王 (Kimmara)

金剛手菩薩
(Vajrapani)
東方天
(Dhrtar stra)
大弁功德天
(SriDevi)
印度真的有位女星叫這個名字
迦樓羅王
(Garuda)
葛
可是千手觀音和二十八部眾神像原來也來自印度，也有很多神明手拿樂器……
印度電影看太多了…？
門票
600日圓

智積院

享受桃山文化和深山氛圍

這裡有名的原因，是收藏了桃山時代畫家長谷川等伯一派的金碧障壁畫（襖繪）。位於東山三十六峰南方，占地遼闊，院內深處綠意盎然，讓人感覺彷彿走入深山。

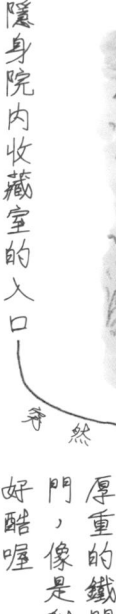

能在收藏室觀賞等伯的繪畫之類的寶物

隱身院內收藏室的入口

竟然

打——開

厚重的鐵門其實是自動門，像是秘密地下組織好酷喔

順便一提的是，㊔去時展示的正好是等伯的「十六羅漢圖屏風」

有位正在拔鼻毛的羅漢

走在庭園裡，感覺自己像是在一個大盆栽裡

買

懷舊京都

京都伴手禮的華麗世界

智積院南邊有家古董店，裡面從明治到昭和時代的京都伴手禮應有盡有，優美又不失流行感，讓人看了不禁驚呼這才是「正港」的京都伴手禮！

這個小屏風上的小舞妓畫其實是木版畫！戰前的伴手禮都是手工的

1000日圓

歎為觀止的細緻伴手禮

（萬）的食指

火柴盒大小的木版畫舞妓的信紙組

戰前木版畫匠的細緻畫工令人讚嘆不已

2000日圓

昔日京都的火柴

100日圓～

名勝和舞妓的書籤從戰前就是熱賣商品

200日圓～

除了京都伴手禮，還有很多令人懷念的娃娃之類的商品，價格也很合理，對於喜歡懷舊風格的人，我大力推薦這一家店

未來君鑰匙鍊

內藤Rume的貓熊娃娃
這裡也兼賣咖啡，咖啡180日圓起，非常便宜

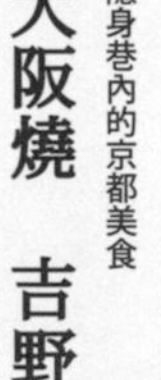

大阪燒 吉野

隱身巷內的京都美食

京都隱身巷內的有名美食
我推薦加入牛雜的大阪燒
把牛筋、牛腸、牛胃
加進大阪燒裡，搭配辣到
會噴火的調味料，吃完
就覺得精力充沛
尤其是這家
名為吉野
的餐廳，不只
當地人
會來
還有很多
外地訪客
慕名遠道
而來

在一條超級小巷裡
不太好找
請耐心尋找

TAITO

價格定這麼低沒關係嗎

京都西式餐點
的實力
也不容小覷
用一句話
來形容
這家店，就是
「很有良心」
午餐時間
人潮洶湧
就是最好的
證明

內部裝潢
也很典雅
女生
一個人去
也能很放鬆

晚上也有不少女性
享受獨自一人
的悠閒時光

蛋包飯和雞排
量多美味

◉ 三十三間堂

東山區三十三間堂廻町 657
☎ 075-561-0467
8:00 ~ 17:00
（11 月 16 日～ 3 月 9:00 ~ 16:00）
30 分鐘前停止售票

◉ 智積院

東山區東大路七条下ル東瓦町 964
☎ 075-541-5361
9:00 ~ 16:30

◉ 懷舊京都

東山區東大路七条下ル
☎ 075-756-7987
10:00 ~ 21:00　不定期休息

◉ 大阪燒　吉野

東山區上池田町 546
☎ 075-551-2026
11:00 ~ 21:00
星期一、二公休

◉ TAITO

東山區今熊野池田町 4-14
☎ 075-551-8222
11:00 ~ 15:00 ／ 17:30 ~ 23:00
星期日公休

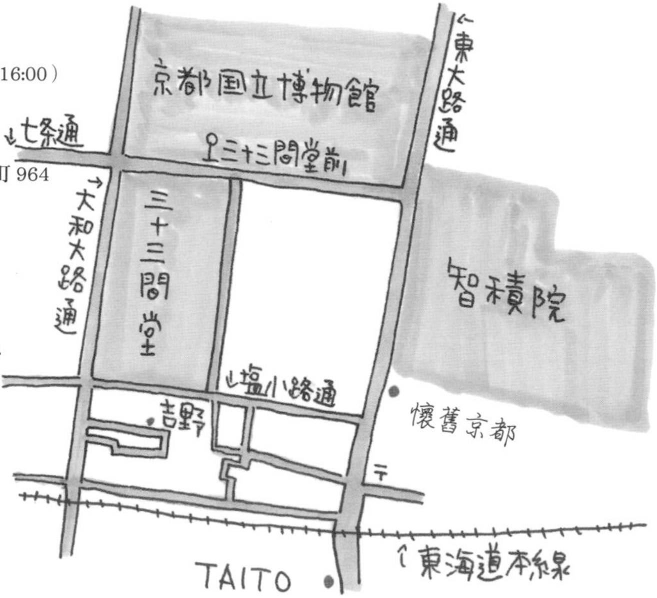

京都国立博物館
東大路通
七条通
三十三間堂前
大和大路通
三十三間堂
智積院
塩小路通
吉野
懷舊京都
TAITO
東海道本線

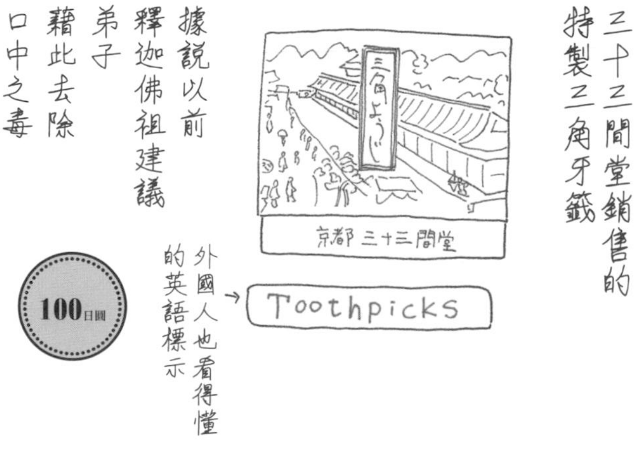
三十三間堂銷售的特製三角牙籤
三角ようじ
京都 三十三間堂
據說以前釋迦佛祖建議弟子藉此去除口中之毒
外國人也看得懂的英語標示
Toothpicks
100日圓

來去清水寺！

全球首屈一指的觀光勝地——清水寺。從清水舞台遠眺的美景自不待言，周邊也有很多值得一遊之處，土產店的多樣性更是無懈可擊。遊客不妨離開參觀步道，到河井寬次郎紀念館走走，逛逛富有風情的小路，看看古意盎然的建築物，可以發現京都幽靜的一面。

附近的超值品

食 ✕ 3處
觀 ✕ 3處
買 ✕ 2處

這裡也是西國三十三處所第十六番札所，替我們寫朱印的女士字寫得非常漂亮

▲清水舞台有高聳的石壁，不只是攀岩愛好者，連一般人看到都想爬上去看看

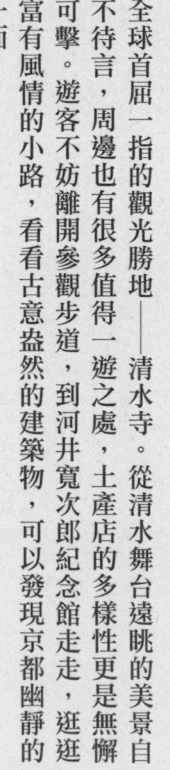

門票 300日圓

認真攀岩的外國觀光客
真的

HAHAHAHA

我懂他的心情……

觀

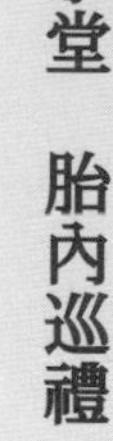

清水隨求堂　胎內巡禮

黑暗中正等著我們的是？

仿照本尊隨求菩薩胎內模樣
在伸手不見五指的空間內
靠著大型佛珠
往外走，在現代
難得體驗這樣的
「黑暗」，非常新鮮

胎內巡禮售票處 100日圓

胎內巡禮

售票處先生的台詞很有名 →

你只能看到眼前5公分的地方

下樓梯之後…

戰戰兢兢

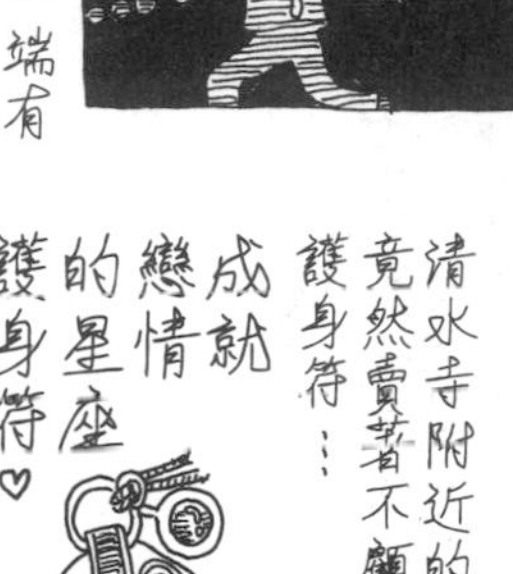

黑暗的那一端有什麼，要親自走過才知道

從胎內出來
「身心一定都有重生的感覺」

清水寺附近的地主神社竟然賣著不顧神社尊嚴的護身符…

成就戀情的星座護身符♡

天蠍座→

至少也要用生肖吧…

買

七味家

一打開袋子就聞到七色香……

不麻煩、輕巧、京都風美味、而且適合和許多人分享的京都最佳伴手禮

七味小袋 15g 315日圓

笠木屋

門內竟是大正時代

這家甜品店從大正3年創業以來，建築物和內部裝潢都沒改變過。大正浪漫畫家竹久夢二曾經住在這家店隔壁，據說是老主顧。

這裡用的茶具很有意境→

煮爛的紅豆和炭火烤的麻糬讓這碗紅豆湯味道十分調和

650日圓

笠木屋

店內掛在柱子上的時鐘和福神娃娃都保持著創業時的模樣

據說夢二來京都，是為了逃避與前妻之間的愛恨情仇

夢二當時的戀人彥乃不顧父母為她談好的婚事到笠木屋隔壁的夢二家裡……

這家店還留著夢二親筆為「笠木屋」寫的色紙。

近代史上的事竟然近在眼前，這就是京都厲害的地方

倚靠在夢二家2樓的彥乃的照片▶

清水三年坂美術館

折服於日本的職人魂

這裡展示的是
幕府末期到明治時期的
刀劍、印籠*、香具等小物
我特別注意的是
上面的七寶
金工、塗漆之精細
甚至讓人感受到
廣大宇宙之美⋯⋯
任何字眼
都不足以形容
實物有多漂亮
日本工匠的
高超技巧令人歎為觀止

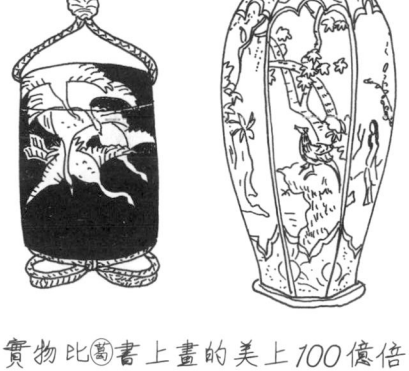

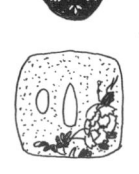

門票 500日圓

註 實物比書上畫的美上100億倍

十三屋

日本女性美髮

茶碗坂上的髮飾店，名稱由來是櫛*的日文發音念成kushi，9(ku)＋4(shi)是13，因此稱為十三屋，想找能用一輩子的髮飾，就要來這家

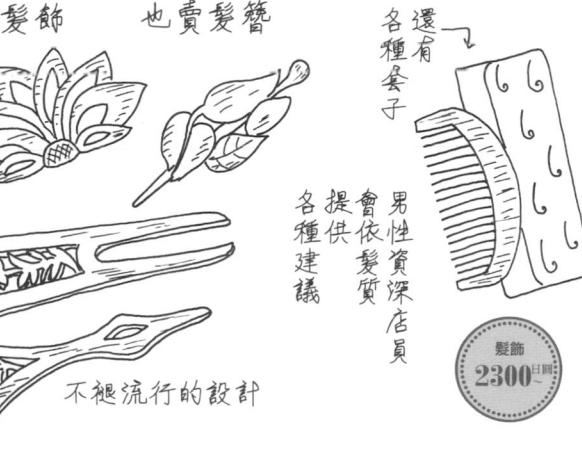

還有各種簪子

髮飾 也賣髮簪

男性資深店員會依髮質提供各種建議

不褪流行的設計

髮飾 2300日圓~

* 室町時代放印章、印泥的盒子，江戶時代放藥的盒子。表面上塗漆，有精細的作工
* 中文意思是髮飾

大師的生活一定很有趣

河井寬次郎紀念館

這座紀念館是一位把京都當作根據地活動的陶藝家的生前故居。展示品和整個家都值得細細品味。

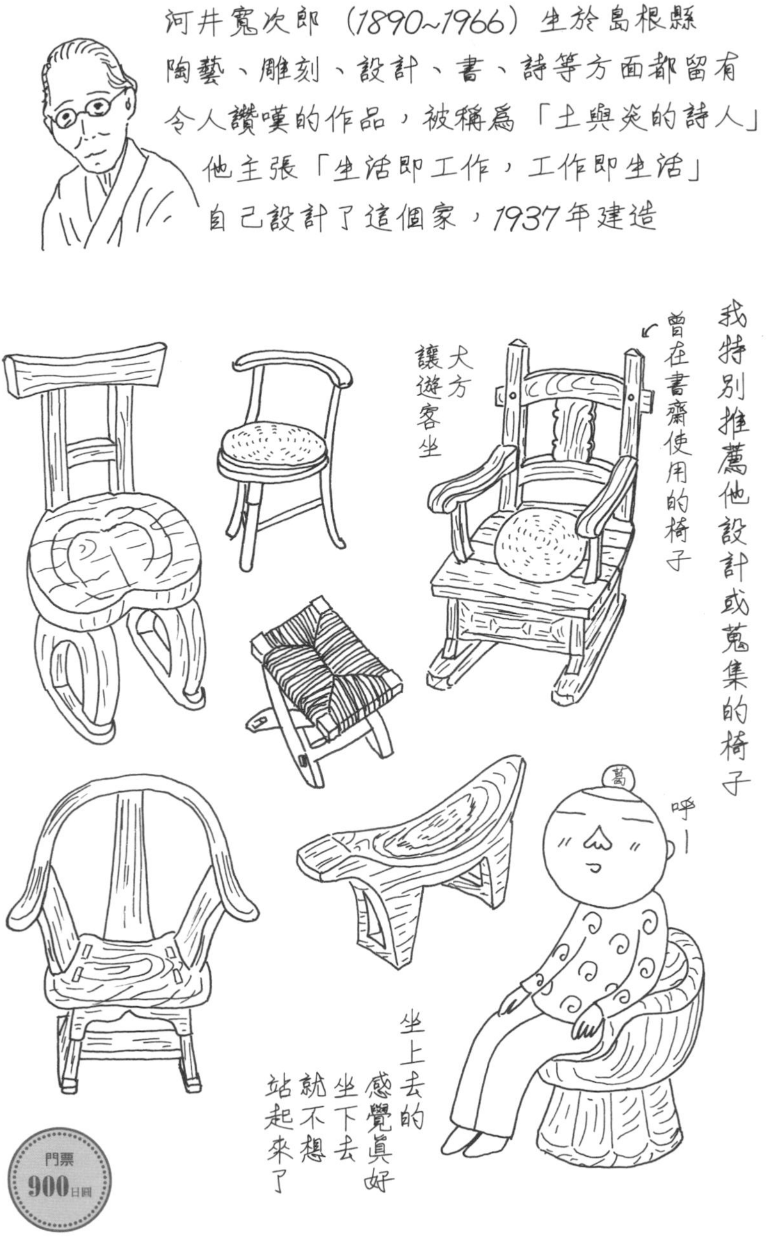

河井寬次郎（1890~1966）生於島根縣
陶藝、雕刻、設計、書、詩等方面都留有
令人讚嘆的作品，被稱爲「土與炎的詩人」
他主張「生活即工作，工作即生活」
自己設計了這個家，1937年建造

我特別推薦他設計或蒐集的椅子

曾在書齋使用的椅子

大方讓遊客坐

呼—

坐上去的感覺真好
坐下去就不想站起來了

門票 900日圓

河井寬次郎紀念館附近還有很多古老的建築物，可以看到許多有韻味的建材和瓷磚

裝飾藝術風的大門

街旁吊鐘風的窗户

這裡好像以前是店家
展示櫥窗下
瓷磚貼得像拼圖
我猜一定是清水燒
每一塊瓷磚顏色都很漂亮又有深度

清水寺參觀步道上，有讓人意想不到的八橋煎餅店

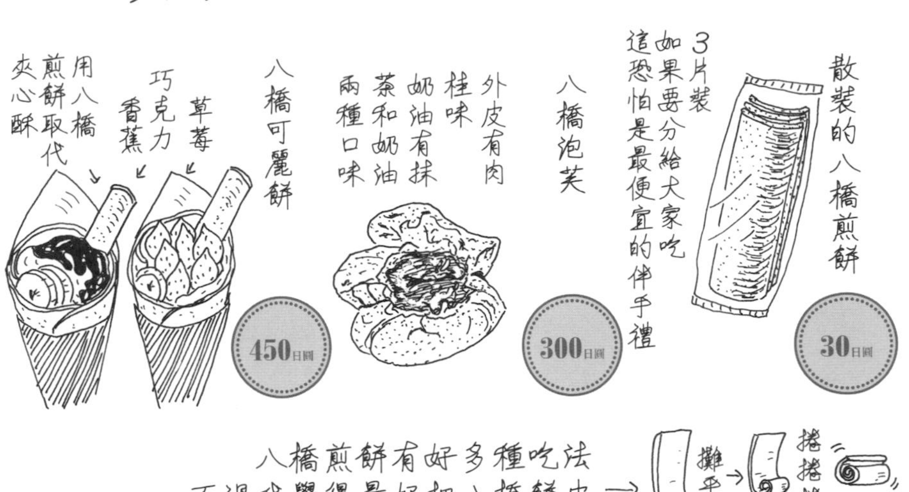

八橋煎餅有好多種吃法
不過我覺得最好把八橋餅皮 → 攤平 → 捲捲捲

像一匹布一樣捲得緊緊的，㊔覺得吃起來最過癮

清水寺附近
哇嗚，像舞妓一樣！
常出現這種讚歎
要照囉！
1、2、3
她像外國人一樣

半丘衛麩

茶房也供應餐點

315日圓～

這家麩的專賣店是元祿2年創業※
麩的種類非常豐富

小麥粉的蛋白質—麩質，加上糯米粉蒸過以後就是「生麩」

麩質加上小麥粉烤過以後就是「烤麩」

形狀也各有不同

加芝麻

加艾草

梅花形狀

小皮球形狀

京都人也不知道……

利久坊

生麩裡面可以放銀杏、木耳、百合根，因為麩的口感軟軟的，裡面的口感脆脆的，可以說是絕配

事先預約就可以吃到麩和豆皮什錦的「輕食料理」

生麩串組合加上其他配菜，3150日圓

五建外良屋

京都罕見的甜糕專賣店

126日圓～

安政年間創業的甜糕專賣店※
據說原本賣茶
因此現在二樓還是茶店

條狀的甜糕，有紅豆粟、水無月、黑砂糖、豌豆柚子等，招牌商品加上季節性的商品讓人難以抉擇

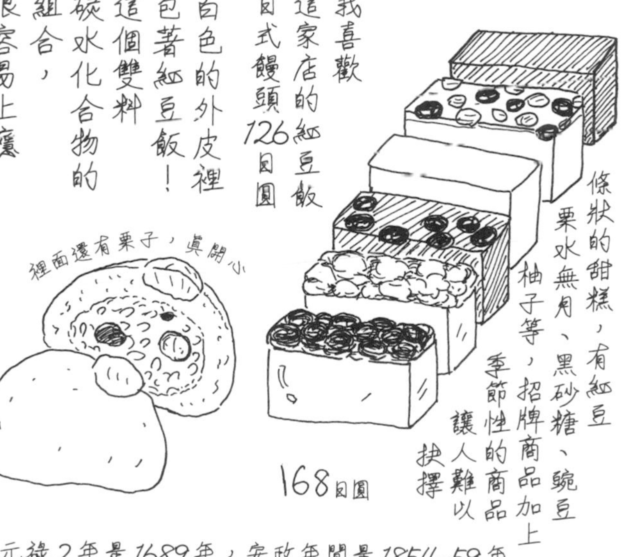

168日圓

我喜歡這家店的紅豆飯日式饅頭126日圓

白色的外皮裡包著紅豆飯！
這個雙料碳水化合物的組合，很容易上癮

裡面還有栗子，真開心

※元祿2年是1689年，安政年間是1854~59年

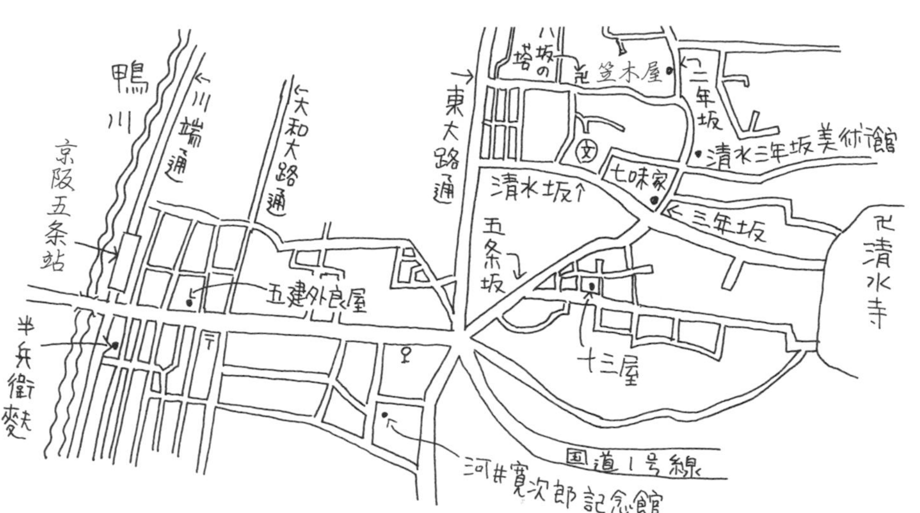

◉**清水寺**
東山區清水 1-294
☎ 075-551-1234
6:00 ～ 18:00

◉**隨求堂**
9:00 ～ 16:00

◉**七味家**
東山區清水 2
☎ 075-551-0738
9:00 ～ 18:00
年中無休

◉**笠木屋**
東山區高大寺南門通下ル
河原東入ル桝屋町 349
☎ 075-561-9562
11:00 ～ 18:00
星期二公休

◉**清水三年坂美術館**
東山區清水門前三寧坂
北入ル清水 3-337-1
☎ 075-532-4270
10:00 ～ 17:00
星期一、二公休

◉**十三屋**
東山區五条橋東 6-583-68
☎ 075-533-2693
10:00 ～ 17:00

◉**河井寛次郎記念館**
東山區五条坂鐘鋳町 569
☎ 075-561-3585
10:00 ～ 17:00
星期一公休（星期一遇假日則隔日休）

◉**半兵衛麩**
東山區問屋町五条下ル
☎ 075-525-0008
9:00 ～ 17:00
無休

◉**五建外良屋**
東山區五条橋東 2-18-1
☎ 075-561-6101
8:30 ～ 20:00
（日 ・ 國定假日は 9:00 ～ 20:00）
無休

不走參觀步道
而走小巷
一位男士在
自家門前彈
爵士吉他
他的身旁
躺著一隻
姿勢奇怪的狗
再往下走，
有兩個女生
正在吹泡泡
泡泡往上飄
我看到五重塔
喔
所以離開參觀步道
走走小路也有一番滋味

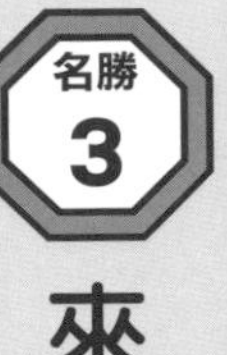

來去祇園！

日本最有名的花街—祇園。所謂花街，指的是上演夢幻世界的地方，對身為京都人的㊢來說，光是在這裡走就覺得這非日常的空間。

看完夢幻世界之後，不妨到六道珍皇寺走走，徘徊在生死交界間，這個幻想地區絕對讓你覺得物超所值。

附近的超值品
食 ⊗ 2處
觀 ⊗ 7處
買 ⊗ 3處
偶爾會有舞妓的攝影會
啊

祇園甲部歌舞練場都舞蹈

宣告京都的春天來了

這裡每年4月會舉行祇園甲部舞蹈公演，「都舞蹈～～」、「呦伊呀撒～～」高亢的聲音表示即將進入一個不同的世界。藝舞妓一個接一個出現，整個會場顯得華麗璀璨這一瞬間讓人永生難忘

次等席 2000日圓～

※星期六日人多，最好事先預約

花見小路

可以輕鬆逛的小店愈來愈多

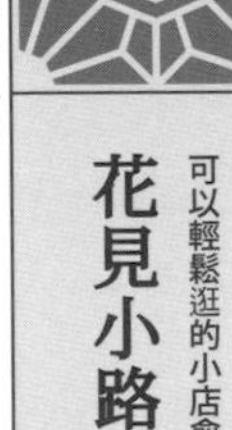

如果只是走路 免費

祇園的主要道路，有很多餐廳還有些茶屋裡有藝舞妓

他們在等今天正式成為舞妓的小姐出來
啊
追著舞妓跑
我也沒問這位歐吉桑就主動告訴我這些事

建仁寺

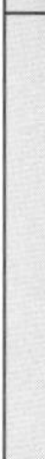

可以放鬆（?）的禪寺

門票 500日圓

日本最古老的禪寺，建築物非常簡樸，給人清爽的感覺

可以眺望○△□之庭園的房間有溫暖的感覺

這裡又不是民宿……

有些觀光客也太放鬆了

看上面的畫，我發現建仁寺收藏了「我知道的」風神雷神圖（俵屋宗達），遊客也可以在數位複製畫前面，拍照留念

不知道爲什麼要擺這種丹田使力的姿勢→

法堂的天井畫「雙龍圖」也可以拍照

眞的很大方

禪居庵

屬豬的人必看

門票 免費

這所寺廟是建仁寺內的小寺

這裡供奉的是摩利支天神乘坐的豬車

所以寺內很多豬的雕像

這裡用豬取代犬

尾巴很可愛

圓滾滾♡

洗手水的水龍頭也是豬造型

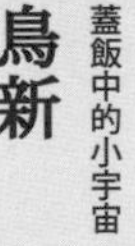

鳥新

蓋飯中的小宇宙

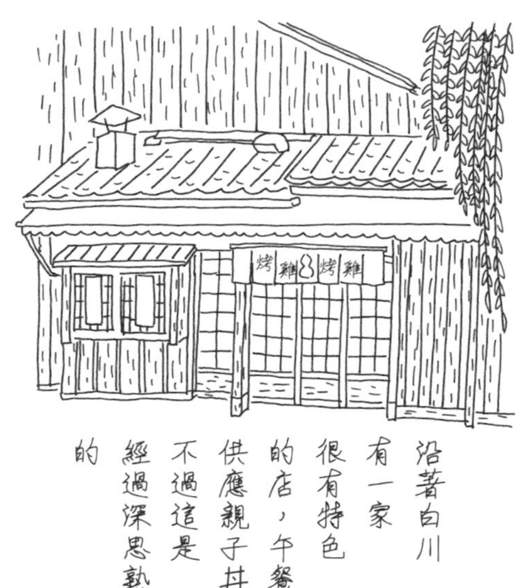

沿著白川有一家很有特色的店，午餐只供應親子丼不過這是經過深思熟慮的

白飯上有三顆蛋（偏小）其中一顆是生蛋攪拌這顆蛋的同時加入雞肉、青葱和白飯，味道棒極了

味噌湯的味噌和醬菜也都是自己做的

750日圓

祇園饅頭

「志子」簡直就像初出道的舞妓

文政年間（1818~30年）創業的小店每一顆日式饅頭都很有特色尤其「志子」看起來特別水嫩柔軟

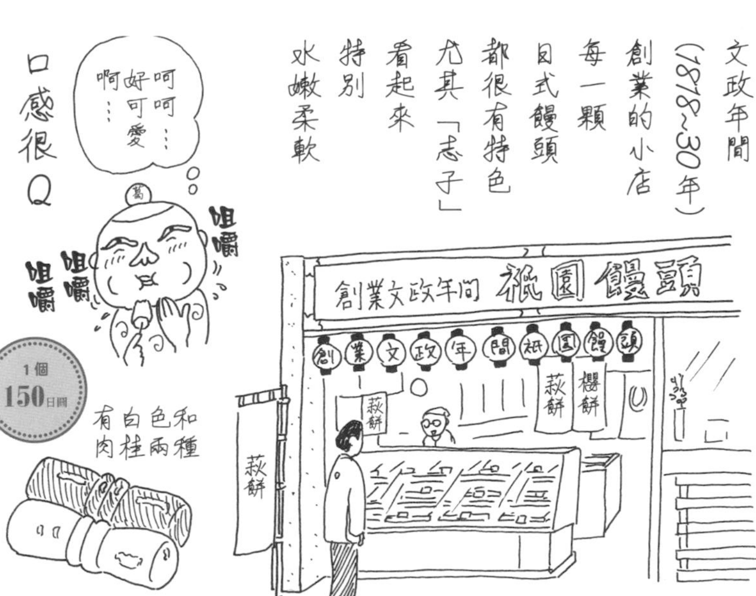

呵呵好可愛啊……

口感很Q

咀嚼 咀嚼 咀嚼

1個 150日圓

有白色和肉桂兩種

安井金比羅宮

想切斷孽緣……

金比羅宮恐怕是京都，不，應該是全日本受理沉重祈願最多的地方。這裡可以斷孽緣、結良緣，不但可以處理男女之間的緣分，還有很多善男信女（年輕女生尤其多）來這裡想戒菸酒、戒賭，或祈求不再生病等，總是人山人海

在這張紙（形代）上寫下想斷絕或結下的緣分或願望

然後從前面鑽過切緣結緣碑（幾乎看不到碑在哪裡……）的大洞表示斷孽緣從後面鑽過表示結良緣再把這張形代貼起來

看這裡的繪馬內容，會發現孽緣的內容各式各樣，真是嚇死人

希望〇〇和太太快點離婚！希望〇〇子不要再跟蹤我了！被〇〇〇騙的錢早點還我！〇〇〇公司會遭天譴！嘮嘮

不知道爲什麼一出去就是賓館街

裏具

通往店家的路上充滿情趣

明信片 137日圓～

由花街・宮川町的茶屋改建而成的原創文具店

便條紙 420日圓

蜥蜴、蝙蝠、烏龜等另類的圖案很精緻。而且通往這家店的路上咦？這裡可以走嗎？路窄到讓人懷疑是否能通這也很雅緻

觀

六波羅蜜寺

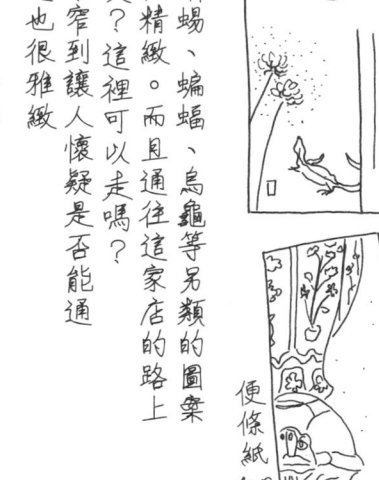

朱紅色的正殿也很耀眼

空也上人開創的寺廟從口中伸出的阿彌陀佛立像非常有名。不過最近受歡迎的是據說很準的開運推命籤

從性別和生辰八字算出一個數字，再根據這個數字拿到一個籤。以八字的算命方式可以知道2月4日起一年的運勢。人少的時候，算命師會解說得很詳細

籤 300日圓

你今年的運勢啊

聽得全神貫注的年輕情侶

寶物館 600日圓

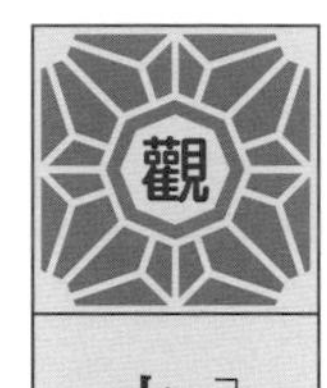

六道珍皇寺

「六道之辻」（冥土入口）的寺廟

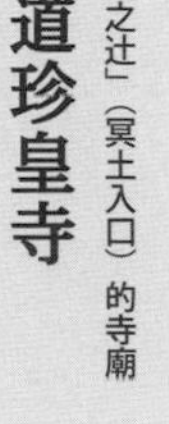

門票 免費

祭拜平安時代文人貴族小野篁的寺廟

傳說篁每天晚上從這所寺廟的深井到冥府

幫閻羅王當判官。聽完這故事

我從正殿的小窗偷窺……

哇

好可怕……

小野篁的立像……

祂旁邊，據說是篁建造的閻羅王像

港屋幽子育飴本鋪

用這種糖養育的小孩變成高僧

以前過世的孕婦，會在墓地生小孩

為了小孩她們每個晚上都變成幽靈，向這家店買糖果

如果買這個糖果來送人包裝很有震撼力，而且不會死甜，很好吃

1818 靈 京名物 子育飴 港屋幽子育飴本鋪

300日圓～

難產而死的女性幽靈據說叫做「姑獲鳥」

以前很多女性因為生產而失去性命

因此也留下許多「姑獲鳥」的傳說

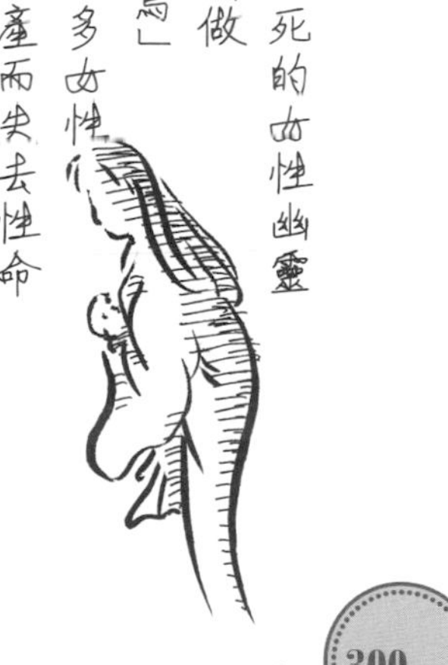

現在內部裝潢和昭和44年(1969)建造時維持得一模一樣，木頭、石頭，和高度成長期的摩登很協調，真的很帥
飾品、礦物化石等各種石頭一應俱全的2樓喫茶室

祇園石喫茶室

喜愛摩登建築的人一定要看

◉祇園甲部歌舞練場
東山區祇園町南側
都踊表演每年 4 月 1 日～ 30 日
（預約☎ 075-541-3391）

◉建仁寺
東山區大和大路通四条下ル小松町
☎ 075-561-6363
10:00 ～ 17:00
（冬季 10:00 ～ 16:30）

◉禪居庵
東山區大和大路通四条下ル小松町 146
☎ 075-561-5556

◉鳥新
東山區祇園縄手四条上ル
☎ 075-541-4857
12:00 ～ 14:00 ／ 18:00 ～ 23:00
星期四公休

◉祇園饅頭
東山區四条通大和大路西入ル
☎ 075-561-2719
10:00 ～ 21:30　星期四公休

◉安井金比羅宮
東山區東大路通松原上ル下弁天町 70
☎ 075-561-5127

◉裏具
東山區宮川筋 4-297
☎ 075-551-1357　12:00 ～ 18:00
星期一公休（如遇休假日則隔日休）

◉六波羅蜜寺
東山區五条通大和大路上ル東
☎ 075-561-6980
8:00 ～ 17:00 ／
寶物館 8:30 ～ 17:00

◉六道珍皇寺
東山區東大路通松原西入ル北
小松町 595
☎ 075-561-4129
9:00 ～ 17:00 左右

◉港屋幽子育飴本鋪
東山區松原通大和大路
東入ル 2-80-1
☎ 075-561-0321
9:30 ～ 16:30 左右
星期一公休
（如遇休假日則照常營業）

◉祇園石喫茶室
東山區四条通祇園 2F 喫茶室
☎ 075-561-2458
11:00 ～ 20:30　無休

吸油面紙人物
Youjiya
映在鏡上的女生
(好像沒有名字)
井筒八橋的
人物
夕子
還有1988年京都
國體的吉祥物
未來君
葛把這二人
稱爲「京都二犬
水汪汪人物」
二人(?)都有好像
不會眨眼的大眼睛
完全不曉得他們心裡在
想什麼，很像京都人

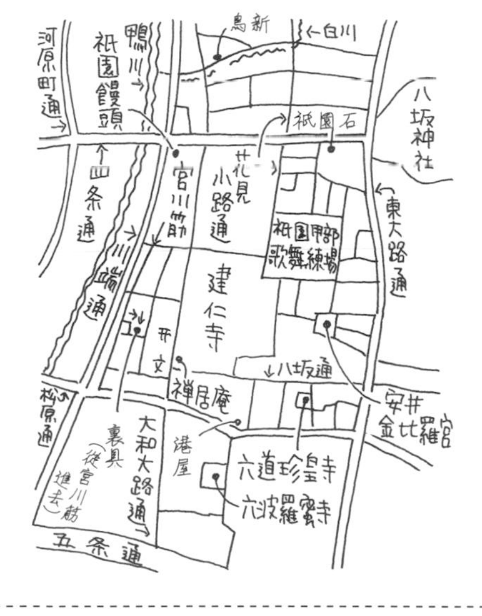
河原町通
祇園饅頭
鴨川
鳥新
白川
八坂神社
祇園石
花見小路通
宮川筋
四条通
東大路通
祇園甲部歌舞練場
川端通
建仁寺
八坂通
禅居庵
安井金比羅宮
松原通
大和大路通
裏具
(從宮川筋進去)
港屋
六道珍皇寺
六波羅蜜寺
五条通

名勝 4

來去高台寺！

去高台寺附近地區，連京都人也會覺得有「到京都觀光～」的感覺。㊔的建議是晚上來這裡散步。走在石階小路上，安靜得讓你覺得白天的喧囂簡直像是做夢；另外八月十五日中元節時，東大谷祖廟還舉行萬燈會。如同文字所述，京都人的靈魂寄託在燈籠裡，飄搖的燈火最值得一看。遊客不妨來這裡走走，沉澱心靈。

附近的超值品

食✕3處
觀✕4處
買✕1處

京都人認為
曬得黝黑的人力車夫，是
「未來東映的明日之星」

高台寺是祭祀豐臣秀吉和夫人北政所「寧寧」的寺廟。據說祠堂內寧寧雕像地下2公尺的地方，躺著寧寧的遺體

歷史上這麼有名的人就在這下面……
哇！
門票
600日圓
從高台寺庭園可以看到的大佛像（高24公尺，水泥製），是隔壁的靈山觀音像
庭園那一方突然看到一座巨大觀音，這種景觀好像在做白日夢……

觀

夜晚的石階小路

充分品味京都風情……

如果只走路 免費

到了夜晚，高台寺和清水寺附近一片寂靜，難以想像白天的喧囂。尤其是寧寧之道到下河原通的石階小路，兩旁都是料亭*、旅館，讓人充分體會到「夜京都」的風情

食

正壱

備有各式各樣的酒

夜晚寧靜的高台寺，供餐的店家出乎意料地少，不過只要有正壱就沒問題

這家店是兄弟一起經營的一家小餐館

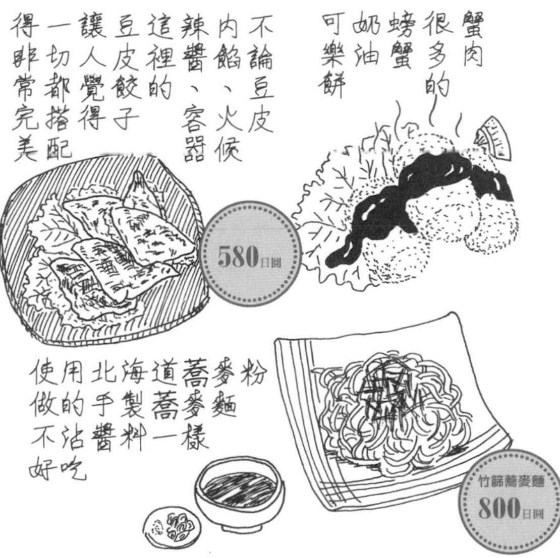

蟹肉很多的螃蟹奶油可樂餅
不論豆皮內餡、火候、辣醬、容器這裡的豆皮餃子讓人覺得一切都搭配得非常完美
580日圓
使用北海道蕎麥粉做的手製蕎麥麵不沾醬料一樣好吃
竹篩蕎麥麵 800日圓

不論點什麼，都嚐得到新鮮食材的美味。中午也有營業

*傳統日本料理餐廳

圓德院

秀吉妻子寧寧晚年在此度過

門票 560日圓

原本這裡家喻戶曉的原因是，三玄院裡面長谷川等伯的障壁畫「山水圖襖」

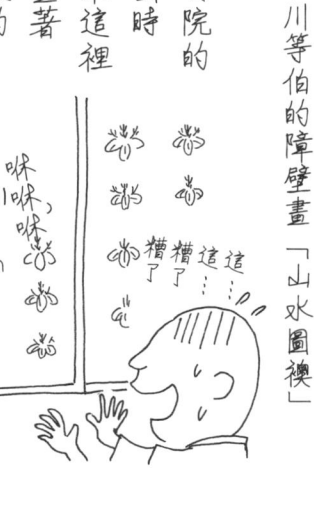

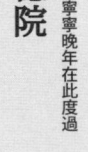

據說三玄院的住持外出時等伯跑來這裡在原本畫著梧桐圖樣的紙門上，加上水墨畫。原本白色的梧桐圖樣，在水墨畫中呈現出白雪的效果。沒想到三玄院的住持非常中意，因此決定保留原狀

食

前田珈琲 高台寺店

早餐也很豪華

原本是咖啡專賣店但冰淇淋百匯製作得也很用心

抹茶黃豆冰淇淋百匯

950日圓

抹茶煎餅
黑豆
糖漬栗子
抹茶戚風蛋糕
湯圓
紅豆
黃豆
抹茶果凍
冰淇淋
紅豆

冰淇淋和黑豆、湯圓等不冰的食物加在一起兩種食物的平衡很重要吃完以後不會覺得冷也不會太甜，口感清爽

東大谷祖廟

靜心參與萬燈會

免費

山坡上整片都是墓地
每年8月14~16日晚上舉行「萬燈會」
真的有1萬座以上的墓地
都點上燈籠

萬盞燈籠的對面
則是京都的街燈。好像同時看到這個世界
和另一個世界的燈火，奇幻的光景

八坂庚申堂

屬猴的人必看

門票免費

庚申干支，生肖屬猴
這裡有很多猴子

香爐由「非禮勿視、非禮勿言、非禮勿聽」的三隻猴子撐住

指猴

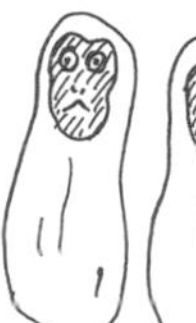

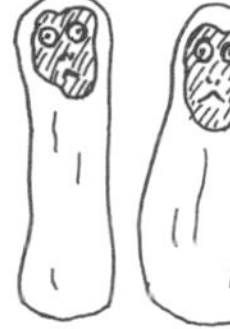
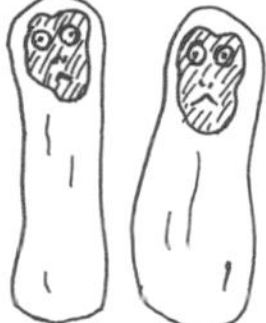

200日圓

護身符的意思是希望人
類的手像猴子手一樣巧
每隻猴子的樣子都不同

這裡到處都可以
看到手腳被綁起來
吊起來的猴子

看起來很辛苦……

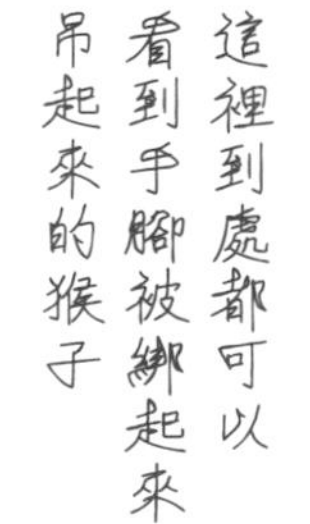

據說在
這裡許願時
要把一個願望
忍住不想
許的願望
才會成真

500日圓

長樂館

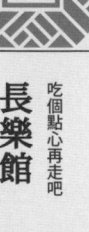

吃個點心再走吧

明治42年，被稱為「菸草王」的企業家蓋了這座西式豪宅，可以在這裡喝茶和用餐。

這個玄關看起來好像會發生什麼神秘事件

把餐點價格當作
內含門票費（?）
就不覺得太貴
要吃高檔的，午茶套餐
3000日圓，如何？
館內還有法國餐廳
「Le Chene」

花700日圓就能讓自己像明治時代的大小姐

呵呵呵

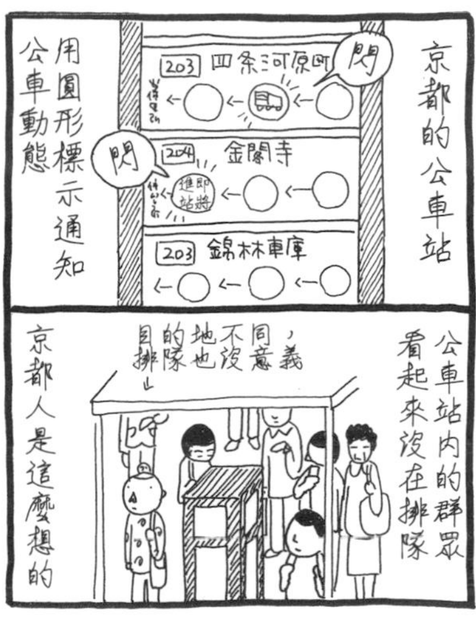

◉高台寺

東山區高台寺下河原町 526
☎ 075-561-9966　9:00 ~ 17:00
※ 春季和秋季夜間特別開放
　時間是日落後～ 21:30

◉正壱

東山區高台寺南門通下河原東入桝屋町 362
☎ 075-531-6839　11:30 ~ 15:00 ／ 17:30 ~ 22:00
星期四公休

◉圓徳院

東山區高台寺下河原町 530　☎ 075-525-0101
10:00 ~ 17:00（17:30 關門）

◉前田珈琲　高台寺店

東山區高台寺南門通下河原南西角　☎ 075-561-1502
7:00 ~ 19:00　無休

◉東大谷祖廟

東山區円山町 477　☎ 075-561-0777　5:00 ~ 17:00
無休

◉八坂庚申堂

東山區下河原通八坂鳥居前下ル金園町 390
☎ 075-541-2565　9:00 ~ 17:00　無休

◉長樂館

東山區祇園円山公園　☎ 075-561-0001
10:00 ~ 21:00　無休

來去大原三千院！

從京都車站坐公車，搖搖晃晃大約需要60分鐘。即使不覺得談戀愛很累，還是可以在大原玩得很愉快，㊕建議周末到大原玩個2天1夜。星期天舉行的早市，物超所值到連㊕都嚇一跳。通常所費不貲的鯖魚壽司和京野菜，在這裡都可以用合理的價格買到，而且還可以把剛到手的東西排在長椅上享用。呼吸大原一大早的新鮮空氣，也別有一番風味。

附近的超值品

觀 ✕ 2處
買 ✕ 1處

往三千院的路上售有這種「冰黃瓜」

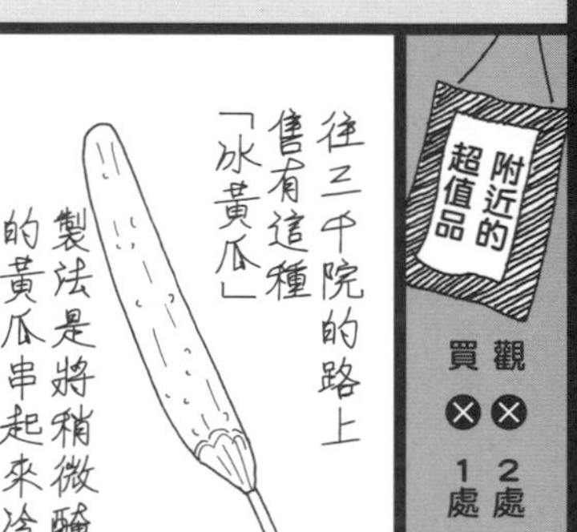

製法是將稍微醃過的黃瓜串起來冷凍

想讓心情平靜時 來迎院

門票 400日圓

平安時代良忍上人不樂見作為修行地的比叡山日漸庸俗化因而把這裡當作新的修行地

由於隱居在此這裡的正殿採取簡單的木造建築有一種「禁欲的美」

正殿鋪著榻榻米，讓人覺得心情平靜

這裡的本尊藥師如來可以讓觀光客拍照。來迎院雖然禁欲，胸襟卻非常寬大，很棒

三千院

就算不覺得談戀愛很累也可以來

門票
600日圓

既然來到大原
就要先去三千院
占地約2600平方公尺
這裡有莊嚴的佛像
還有好幾種庭園
名為「圓融藏」的收藏庫
則有寶物展示
令人目不暇給
想慢慢觀賞的人
最好不要餓肚子進去

往生極樂院
所供奉的
阿彌陀佛三尊像
左右「端坐」的
菩薩
栩栩如生
直到現在
都好像隨時
會站起來

庭園裡鋪著青苔毛毯
好像天鵝絨
仔細一看
咦？
童生首地藏…
啊
鏘
…以為只有一顆頭，後來才發現他的身體趴在地上
這個讓我有點嚇到…

大原早市

果然早起的鳥兒有蟲吃

每星期日早上6點～9點，在「里の駅大原」舉行活力十足的早市。在大原住一晚，就可以早起來買物超所值的東西。

京都市内賣很貴的京野菜，在這裡的價格合理許多，而且不噴灑農藥

萬願寺辣椒

比一般辣椒大很多（15公分左右）

光滑

100g 125日圓

圓茄

而且又軟又甜

大小介於一般茄子和賀茂茄子中間

水嫩 光滑

3-4個 200日圓

「伊佐揚」的可樂餅

裡面的馬鈴薯熱呼呼的，非常可口

熱騰騰

1個 100日圓

7點以前就賣完了

紫蘇葉章魚

加入醃紫蘇葉的章魚燒，沾醬油吃，請開動

哎哎

章魚燒

好吃♡ 便宜 大顆

使用大原材料 加入醃紫蘇葉的章魚燒

4個 200日圓

水煮蛋

這也是秒殺的名產

用剛採收的有精卵做成的味道濃郁!!

1個 85日圓

大原產 水煮蛋 一個八五

字真漂亮

另外還有鯖魚壽司、醬菜、麵包、萩餅一堆美食

不但可以坐在椅子上享用還能享受大原的美景

嗯～♡

在大原投宿的旅莊茶谷的
浴室和廁所是共用的
好吃
好吃
葛
吱吱
炸蝦
芝麻豆腐
葡萄和橘子
飯無限量供應
住一個晚上只要
7000日圓
晚上在餐廳用餐
吃鬥雞壽喜燒（好吃）
請旅館不必準備早餐
（因為要在早市吃）
距離公車站又很近
也可以免費租借自行車
（騎到早市5分鐘）

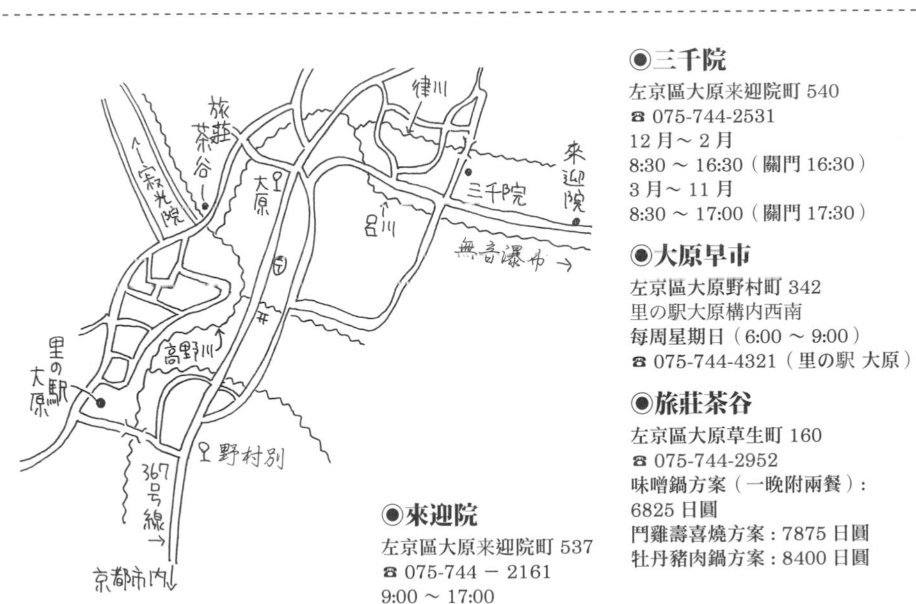
律川
旅莊茶谷
寂光院
大原
來迎院
三千院
呂川
無音瀑布
高野川
里の駅大原
野村別
367號線
京都市內

◉三千院

左京區大原来迎院町 540
☎ 075-744-2531
12 月～ 2 月
8:30 ～ 16:30（關門 16:30）
3 月～ 11 月
8:30 ～ 17:00（關門 17:30）

◉大原早市

左京區大原野村町 342
里の駅大原構内西南
每周星期日（6:00 ～ 9:00）
☎ 075-744-4321（里の駅 大原）

◉旅莊茶谷

左京區大原草生町 160
☎ 075-744-2952
味噌鍋方案（一晚附兩餐）：
6825 日圓
鬥雞壽喜燒方案：7875 日圓
牡丹豬肉鍋方案：8400 日圓

◉來迎院

左京區大原来迎院町 537
☎ 075-744 － 2161
9:00 ～ 17:00

來去金閣寺！

金閣寺是遍布觀光景點的京都裡的黃金觀光地點，所以來這裡畢業旅行的學生和團體觀光客絡繹不絕。讀過三島由紀夫的《金閣寺》之後再去，不但能體會它的「美」，還能深入思考「聖」與「俗」的含意。順便一提的是，「金閣寺」其實是通稱，據說正式名稱是「鹿苑寺」。

附近的超值品
觀✕2處

這裡還有不同血型的凱蒂貓護身符
金閣寺賣這個好嗎…
A
AB
HELLO KITTY
順道一提
500日圓

其他的鳥都飛翔於空間之中，唯獨這隻金鳳凰展開璀璨的翅膀永遠飛翔於時間之中。

三島由紀夫的《金閣寺》

讀完上面一段文字，深刻感受到豐富的想像力可以讓「美」更有變化

現在的金閣寺是1955年重建的

1950年一個年輕的寺僧曾經放火燒了金閣寺

當時金閣寺的金箔幾乎都斑駁了，不像現在這麼金碧輝煌

電影《炎上》(1958年)中，市川雷藏飾演那個年輕的寺僧看起來真的很孤獨栩栩如生

稻草天神（敷地神社）

茶店只在每月9日和戌の日*營業

距離金閣寺不遠、祈禱順產的神社
據說順產的護身符由「稻草」製成
所以這樣取名

去金閣寺
之後
再來這裡
會覺得
特別
安心
平靜

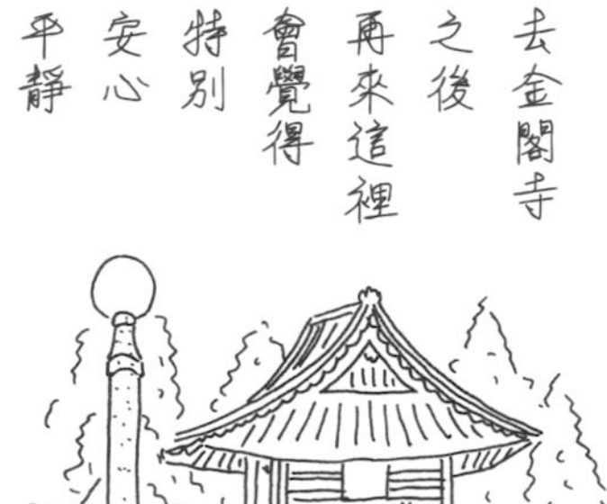

殿內
供奉了
許多
祈求順產的
嬰兒圍兜
↓

*運用天干地支中的地支理論算出符合「戌」的日子。日本懷孕婦女為了安胎，一般在懷孕進入第五個月時，到某些神社祈求順利生產，並繫上腹帶，保護母子均安

◉金閣寺
北區金閣寺町 1　☎ 075-461-0013
9:00 ～ 17:00　年中無休

◉稻草天神
北區衣笠天神森町　☎ 075-461-7676

受到觀光客和當地人歡迎的
糕點店。裡面有
蛋黃餡，又有
金閣寺的圖樣
可以說是
「金閣之光」

名勝7 來去東寺！

要去東寺，當然要選每月21日「弘法」廟會的時候。這一天在寺內有1200～1300家店出來擺攤！古董、舊貨、日常用品、盆栽等，各式各樣的店和前來參拜的人，讓這裡人聲鼎沸，非常熱鬧。有些東西只在弘法市集當天才買得到，各位一定要來尋寶。

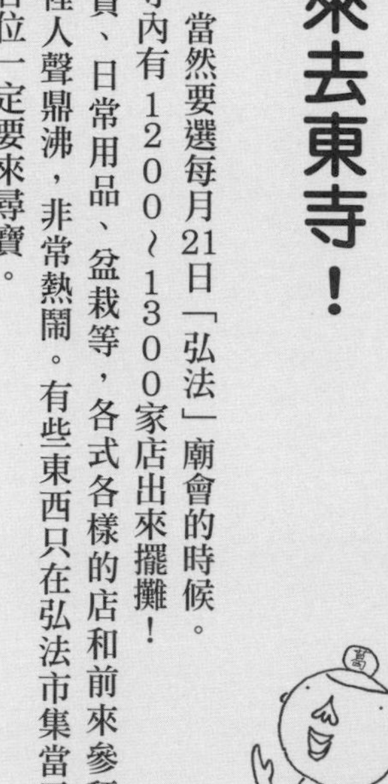

附近的超值品 食 ✕ 2處

一邊繞著尊勝陀羅尼碑的周圍
一邊摸著下面烏龜的頭和腳

據說用這隻手摩擦自己的患部，任何疾病都能痊癒
因此弘法市集當天可以看到很多這樣的景象

繞圈圈

祈願力看起來好像漩渦一樣一直轉～

門票 免費
金堂、講堂、寶物館要收費

弘法市集當天
還有只賣100日圓的和服
很多內行的女性都來選購

互相觀察對方
瞄 瞄
大正浪漫風
哥德蘿莉塔風

弘法市集當天限定 鮒末

不只是重現古早風情，而是保留原有的古風

平常是賣淡水魚的魚店
唯有21日在商家的家裡（！）
可以吃到鰻魚飯

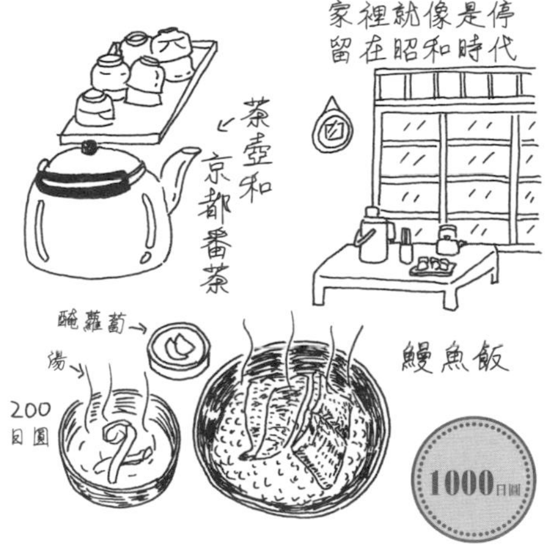

食

弘法市集當日限定 東寺餅

弘法市集先吃這個

這裡每一種「日式饅頭」都很
可口，不過只有21日才賣的烤
艾草大福更特別

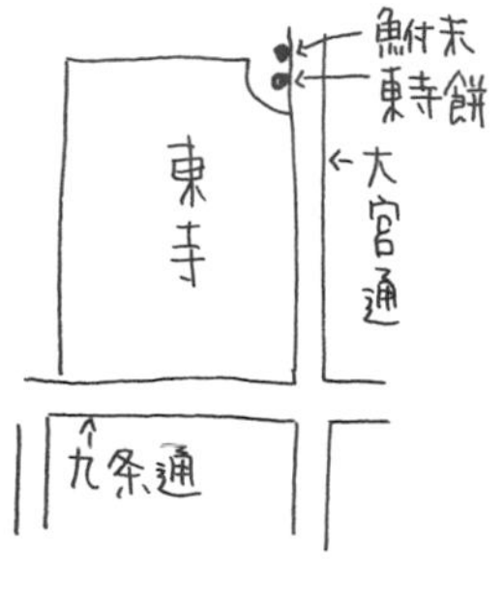

◉東寺

南區九条町 1
☎ 075-691-3325
開門時間
夏天（3/20 ~ 9/19）
5:00 ~ 17:30
冬天（9/20 ~ 3/19）
5:00 ~ 16:30
參拜時間
夏天（3/20 ~ 9/19）
8:30 ~ 17:30
冬天（9/20 ~ 3/19）
8:30 ~ 16:30

◉鮒末

南區東寺東門前町 86
☎ 075-691-5804
約 8:00 ~ 16:00
無休

◉御菓子司 東寺餅

南區東寺東門前町 88
☎ 075-671-7639
7:00 ~ 19:00
每月 6・16・26 日休
（星期日和國定假日也營業）

名勝 8

來去北野天滿宮！

這裡供奉著被稱為學問之神的菅原道真，一般稱為「天神」。這座神社裡有很多牛像，是因為有「道真生於丑年」、「牛讓道真免於被刺客所傷」之類的傳說。

天神附近，既有華麗的煙花巷「上七軒」，也有平民的商店街，可以看到京都的各種面貌，是多樣化的一個區域。

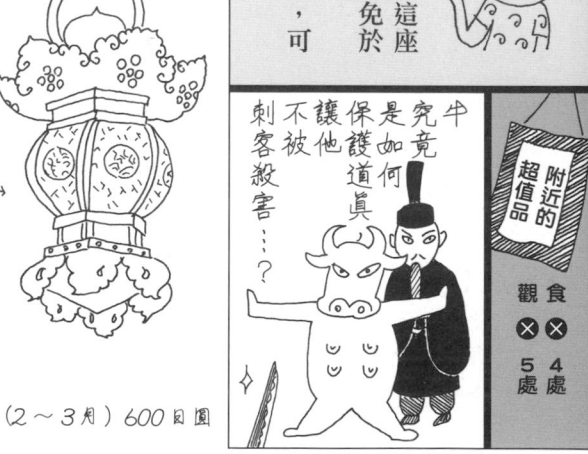

附近的超值品

食 ✕ 4處

觀 ✕ 5處

牛究竟是如何保護道真讓他不被刺客殺害……？

據說道真喜歡梅花，神社裡有很多梅樹
2月～3月間神社內飄散著梅花的濃郁香

天神殿內的燈籠
每一個都很精緻（葛很想要一個）

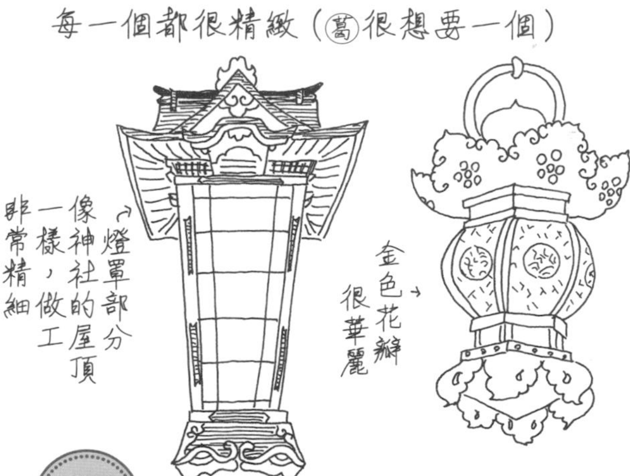

燈罩部分像神社的屋頂一樣，做工非常精細
金色花瓣很華麗

門票免費

寶物殿300日圓，梅苑（2～3月）600日圓

每月25日是北野天滿宮的「天神」市集，和弘法市集稍有不同的是，天神市集有舊書買賣
其實昂貴的舊書沒有二手雜誌多價格也很合理
るるぶ
RU RU BU
'74 10
京都徹底特集号
旅の百科
洛中
舊雜誌的京都特集約200日圓
神社內掛繪馬的頂棚，古時候被當作是供奉物，上面好像畫了什麼東西看不清楚
這裡吊掛著江戶和明治時代的繪馬和精美的貼花呈現出巨大的美感
而且這種很有古風又高雅的地方，很自然地成爲參拜者的休息區，這可是只有京都才有這樣的待遇
自動販賣機
繪馬

天神附近也有很多店家賣用古法製造的甜點，
十分可口。賣完就打烊，所以要買就要趁早

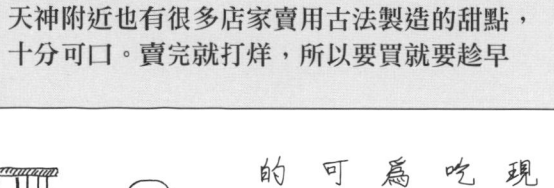

粟餅所・澤屋

豆沙餡和沾黃豆粉的現做粟餅
吃了就知道為什麼這家店可以維持350年的歷史

1盤 510日圓

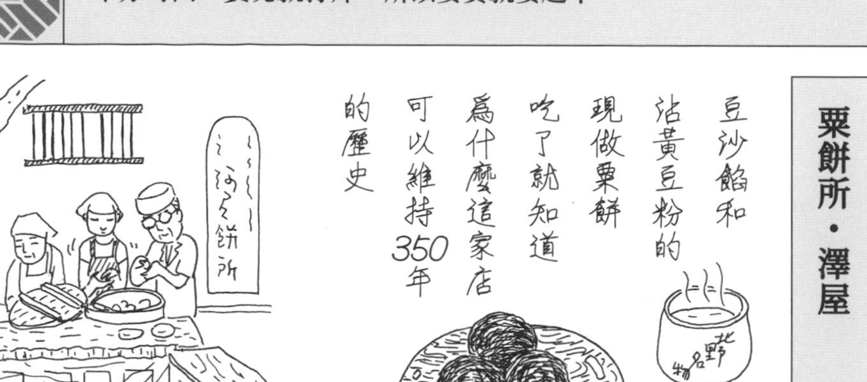

粟餅所
客人點了以後
才開始製作

天神堂

薄到幾乎透明的外皮和飽滿的豆沙餡
一次就能吃兩個的烤麻糬

1個 100日圓

日榮堂

飽滿的丸子
濃純的醬汁
炭火烤的香味
三合一組合成天下無敵的御手洗丸子
請在充滿昭和年代氛圍的店內食用

1支 110日圓

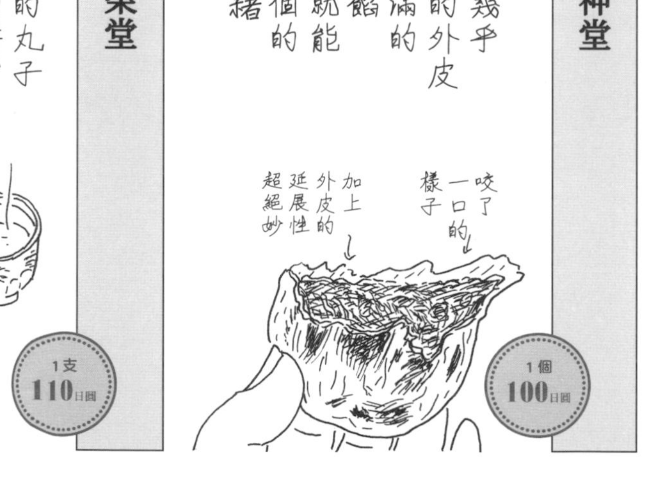

咬了一口的樣子
加上外皮的延展性超絕妙

天神附近既有華麗的煙花巷「上七軒」，也有平易近人的商店街。想看京都人實際生活的樣貌，請一定要來這裡

西陣千本通

和服業鼎盛時代時，有一個詞叫做「千幌」，意思是很多人都要到千本通晃晃，讓這裡熱鬧異常

㊔喜歡的四家店排在一起

這裡的長崎什錦麵是日本第一美味

使用天然高湯的醬汁回甘，非常可口

均一價100日圓，商品豐富

菜單上有一道菜，叫做「炒義大利麵」

大將軍商店街

一條通商店街原本是百鬼夜行的通道

店前佇立著妖怪

北野商店街

以前的個人商店現在還繼續奮鬥

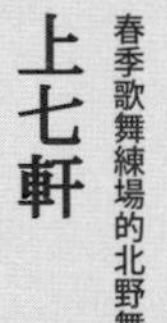

上七軒

春季歌舞練場的北野舞

只是到處走走
免費

京都五條花街中最古老的一條和其他四條花街相距較遠，不會因為觀光客太多而嘈雜，環境很幽靜

到了夏季上七軒歌舞練場會開設啤酒屋由穿著浴衣的藝妓和舞妓負責接待

食

系仙

精緻廣東菜

這是一家充滿京都風情小店風格的廣東菜商家。美味又精緻，更重要的是價錢很合理

735日圓

炒麵使用自製麵條麵和淋上的湯汁都是極品

有時藝妓也會來光顧這家店⋯

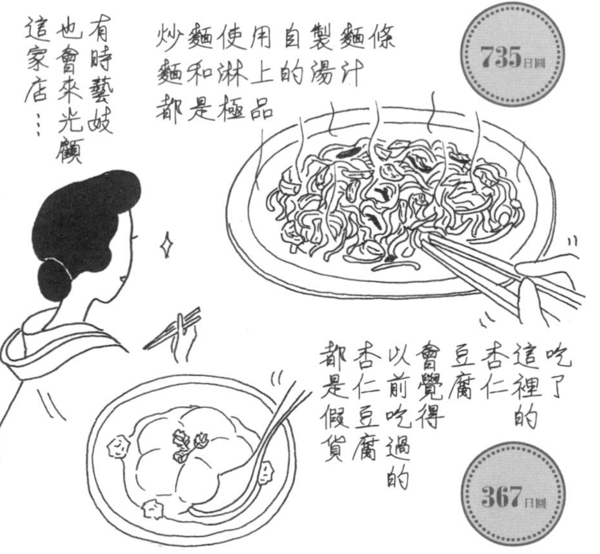

吃了這裡的杏仁豆腐會覺得以前吃過的杏仁豆腐都是假貨

367日圓

觀 千本釋迦堂

同時有阿龜和布袋和尚

正殿靈寶殿 500日圓

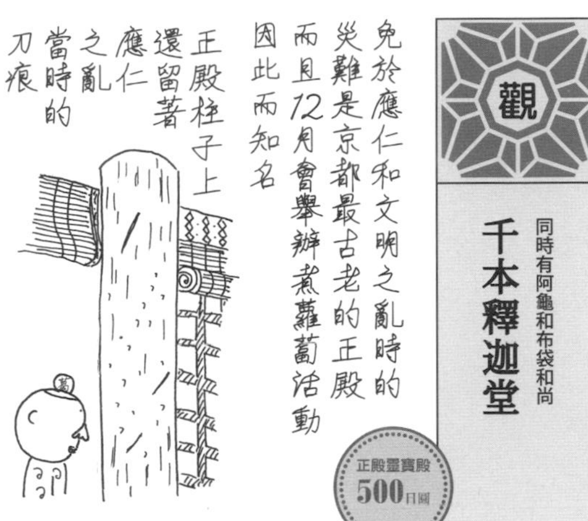
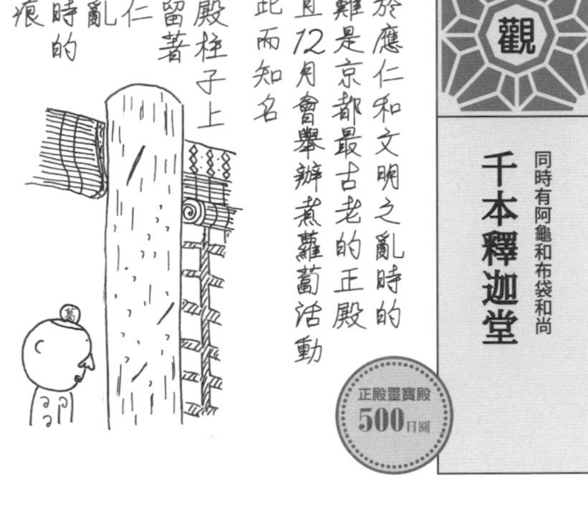
免於應仁和文明之亂時的
災難是京都最古老的正殿
而且12月會舉辦煮蘿蔔活動
因此而知名
正殿柱子上
還留著
應仁之亂
當時的
刀痕
靈寶館裡的六觀音像和十六
弟子像，栩栩如生到
好像隨時會動
尤其是
這座
如意輪
觀音像
慵懶而又冶艷……

◉北野天滿宮
上京區馬喰町　☎ 075-461-0005
開放時間大約 6:30 ～ 18:00 左右

◉粟餅所・澤屋
上京區今小路通御前西入紙屋川町
838-7（北野天滿宮前西入南側）
☎ 075-461-4517
9:00 ～ 17:00 左右（賣完為止）
每周四和每月 26 日休息
（星期日和國定假日也營業）

◉天神堂
上京區今出川通御前東入ル
社家長屋 687
☎ 075-462-2042
10:30 ～ 17:00

◉日榮堂
上京區今出川通七本松東入ル
西上善寺町 189
☎ 075-463-0455
11:00 ～賣完為止　星期五公休

◉糸仙
上京區真盛町 729-16
☎ 075-463-8172
17:30 ～ 21:00
星期二、第三個星期三公休

◉上七軒歌舞練場
上京區今出川通七本松
西入真盛町 742
☎ 075-461-0148

◉西陣飯店
上京區千本通中立売下ル
龜屋町 54
☎ 075-462-3160
11:00 ～ 15:00 ／
17:00 ～ 21:30
星期二公休

◉土福
上京區千本通中立売下ル
龜屋町 55
☎ 075-462-1904

◉Apple二手書店
上京區千本通中立売下ル龜屋町 56
☎ 075-462-2507

◉瑪麗亞
上京區千本通中立売下ル龜屋町 58
☎ 075-464-0465

上七軒歌舞練場（啤酒屋）
天神堂
千本釈迦堂
北野天滿宮
上七軒通
日榮堂
糸仙
七本松通
千本通
澤屋
25日會有二手書市
大将軍商店街
北野商店街
西陣飯店
土福
Apple二手書店
瑪麗亞
中立売通

名勝 9

來去下鴨神社！

下鴨神社位於賀茂川和高野川匯流的三角地帶。據說印度教把河川匯流處視為聖地，我也覺得這裡的「氣場」好像不錯。或許正因為這樣，附近商店街的客人男女老幼都有，人潮絡繹不絕，而且有很多甜點很可口的店家。不妨來這裡一邊吃甜點，一邊感受一下「靈氣」。

附近的超值品

食 ✕ 5處

觀 ✕ 3處

下鴨神社的雙葉葵紋
神社售有各種雙葉葵紋的紀念品
例如手巾、包巾等

下鴨神社・相生社的結緣神木
這裡
2棵樹竟然在中途合而為一！這棵神木已經是第4代，據說代代神木都出自糺之森的神域，因此被稱為京都七大不可思議事之一。
這的確好像可以讓人早日遇到有緣人～
門票免費

糺之森

大街裡的古代森林

下鴨神社裡的森林。大街裡竟然有歷史久遠、充滿神秘色彩的森林，果然是京都才能見到這種景觀

每年8月11日～16日會舉行「下鴨納涼舊書祭」

混合著暑氣、舊書光環和喜愛舊書人的熱情，每年都發出獨特的活力

出町三角洲

京都最舒適的地點

在這河灘附近散步、休憩的人不知道爲什麼，臉上看起來都洋溢著幸福感

糺之森
出町橋
賀茂川
河合橋
高野川
烏龜或候鳥形狀的腳踏石
啪啪啪
黑鳶
咻
鴿子
在河灘吃便當或麵包
哈哈哈
我在鳥界有超人氣地位
鴨子
啪
海鷗
啪
慢慢靠近
白鷺鷥

桝形商店街

城鎮裡有商店街真好

以前這裡是運送鯖魚街道的終點，所以非常熱鬧，現在也是繁華的商店街

以距離來說，這條商店街並不長，不過有賣魚、蔬菜、水果、豆腐、豆沙包等，商品應有盡有，吸引男女老幼，非常熱鬧。㊂覺得現在還是日本很寶貴的一條街

滿壽形屋

烏龍麵加上鯖魚壽司的京都雙重靈魂食物

「京都知名食物」中㊂想連京都人也常吃的應該是「鯖魚壽司」

這也是㊂的最愛，尤其這裡的鯖魚壽司，像是5月在鯖魚街道的吹風一樣很清爽

這份套餐中的口感軟Q的京都風味烏龍麵，也非常搭

為什麼會有這麼多可口的甜點店集中在神社附近？

加茂御手洗茶屋 御手洗丸子

3根 400日圓

據說下鴨神社是御手洗丸子的發源地

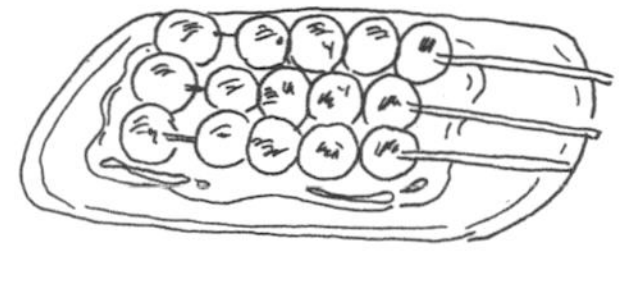

出町雙葉 豆麻糬

3根 160日圓

精選的豆子加上絕妙適量的鹽，早上排隊的人潮比較少

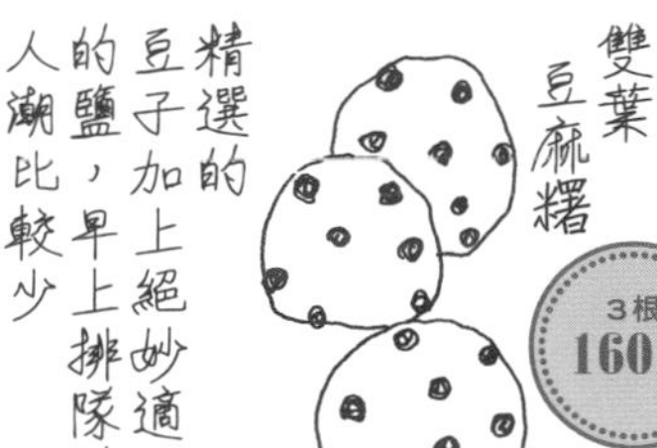

惠比壽屋加兵衛 矢來餅

1個 120日圓

2個一袋美味可口，賣完就打烊，所以要買要快

烤的火候都一樣

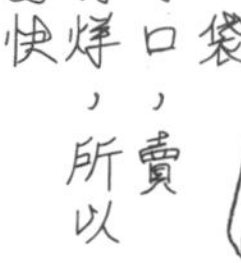

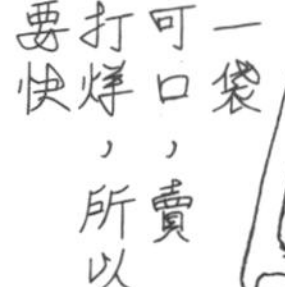

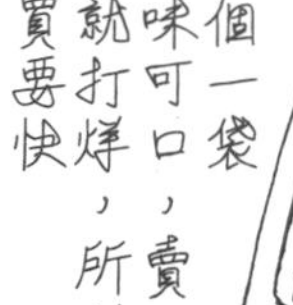

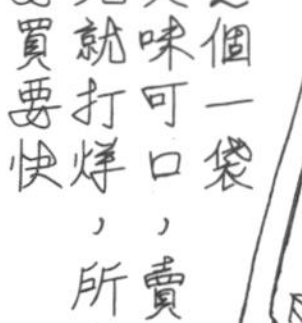

寶泉堂 賀茂葵

1片 158日圓

用洋菜凍將紅豆固定成葵葉形的點心。可以放得久一點所以適合當伴手禮

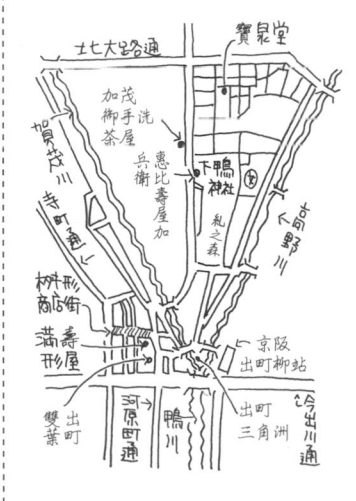

◉下鴨神社
左京區下鴨泉川町 59
☎ 075-781-0010
開放時間　6:30 ～ 17:00
特別參拜大炊殿　10:00 ～ 16:00
祈願時間　9:00 ～ 16:00

◉滿壽形屋
上京區桝形通出町西入ル二神町 179
☎ 075-231-4209
12:00 ～賣完為止　星期三公休

◉加茂御手洗茶屋
左京區下鴨松ノ木町 53
☎ 075-791-1652
9:30 ～ 19:00（例假日和國定假日）
星期三公休

◉惠比壽屋加兵衛
左京區下鴨松原町 13 番地
☎ 075-781-0639
9:30 ～ 19:00　星期二公休

◉出町雙葉
上京區出町通今出川上ル
青龍町 236
☎ 075-231-1658
8:00 過後～ 17:00 左右
星期二和第 4 個星期三公休
（遇國定假日則隔天休）

◉寶泉堂本店
左京區下鴨膳部町 21
☎ 075-781-1051
9:00 ～ 17:30　星期日和國定假日公休

來去平安神宮！

平安神宮是明治時代，為了記念平安遷都1100年才興建的神社，歷史出乎意料地短。附近有美術館、圖書館、動物園等設施，還有南禪寺、水路閣等觀光景點，如果計劃得當，這個區域可以讓遊客度過十分充實的1天。

附近的超值品

食 ✕ 3處

觀 ✕ 6處

每年5月會在「勸業館」舉辦舊書祭，有很多介紹京都的書
特設「京都專區」
京都專區
光是京都一個地方就可以出這麼多書啊？

神苑

谷崎潤一郎的《細雪》也提到過

代表明治時代的日本庭園池塘裡的鯉魚大得驚人還有形狀特殊的烏龜
如果在橋上餵飼料（50日圓）許多鯉魚和烏龜都會靠過來有一種幸福感
在優雅的橋上覺得自己像個大富翁
吃吧！吃吧！
哇哈哈
哇哈哈
啪達
啪達

門票 600日圓

京都市武道中心 舊武德殿

武道家汗水淋漓

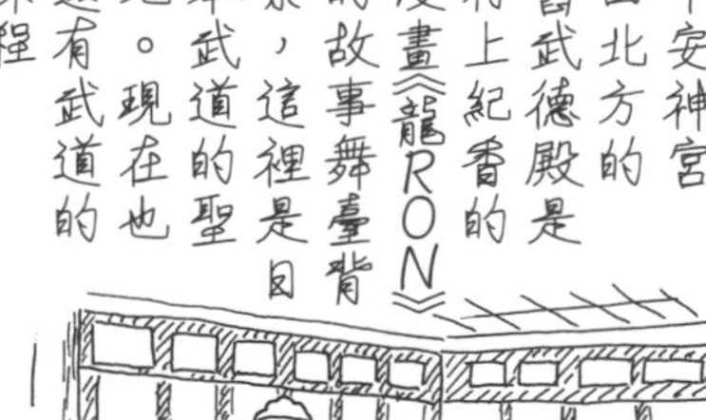

平安神宮西北方的舊武德殿是村上紀香的漫畫《龍RON》的故事舞臺背景，這裡是日本武道的聖地。現在也還有武道的課程
非洲人也來這裡參觀
哇嗚
好像在練空手道
哦！和漫畫一樣
心動！

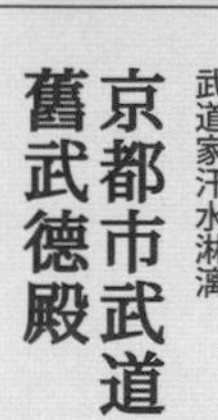

門票 免費

這些建築物都超有份量，
樓梯有型到都可以當作電影場景了。你要不要也粉墨登場？

京都市美術館

1933年興建的和風洋館，玄關的樓梯非常豪華，這樣的非日常空間讓人怦然心動

京都府立圖書館

門票 免費

這是2001年新建的圖書館，不過外觀保留了明治時期建築物的特色，簡直就像一幅畫

這裡有兩家店，他們賣的法式甜點果香濃郁，美味可口。
京都的西點也不容小覷

AU TEMPS PERDU

AMANDINE
（杏仁檸檬塔）

看起來不起眼的杏仁塔，但一口咬下去會感受到濃郁的檸檬香味散發出來

La Voiture

法式反烤蘋果塔

蛋糕香味濃郁到讓人不禁想問：裡面到底放了幾顆蘋果？下面的派皮若再加厚一點，吃起來會更開心

南禪寺　三門

從上方眺望東山的綠意也很美

門票
500日圓

頗有重量感的三門，就像是日本大門中的橫綱
三門上的
寶冠釋迦像氣氛莊嚴
從這裡偷看
我可以看透你的一切
嚇到
對不起
對不起
好像可以看穿我的心

觀

水路閣和其上

明治時期偉大的疏水道

免費

南禪寺內由紅磚瓦所建的水路閣讓人看到明治時代文明的美
現在上面還有疏水道
小路也讓人心靈平靜下來

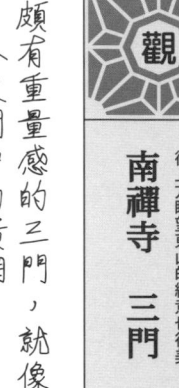

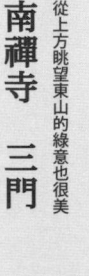

肉店荒井亭

希望住家附近有一家……

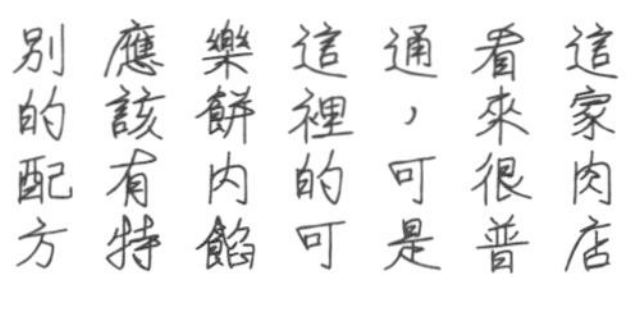

香脆 可口

可口 可口

嗯～ 多汁～

1個 158日圓

總之就是好吃
請一定要嚐嚐
剛炸好的可樂餅

◉平安神宮
左京區岡崎西天王町　☎ 075-761-0221
參拜時間　依季節不同而異
詳細情形請詢問神宮人員

◉京都市武道中心　舊武德殿
左京區聖護院円頓美町 46-2

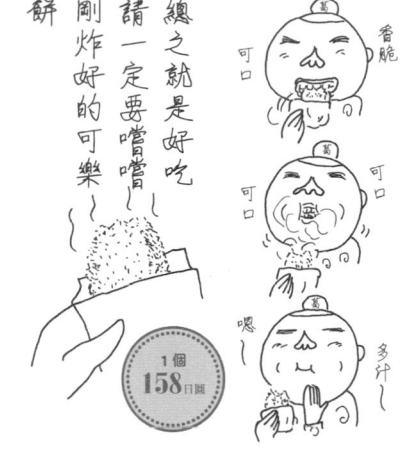

◉京都府立圖書館
左京區岡崎円勝寺町 9　☎ 075-762-4655
星期二～五　9:30 ～ 19:00
星期六・日和例假日　9:30 ～ 17:00
星期一・第 4 個星期四和過年期間公休

◉京都市美術館
左京區岡崎円勝寺町 124（岡崎公園內）
☎ 075-771-4107　9:00 ～ 17:00
星期一（週國定例假日則停休）
和過年期間公休

◉La Voiture
左京區聖護院円頓美町 47-5
☎ 075-751-0591　11:00 ～ 18:00
星期一公休

◉AU TEMPS PERDU
左京區岡崎円勝寺町 64-1
パークハウス京都岡崎有楽荘 1 F
☎ 075-762-1299　11:00 ～ 19:00
星期一公休（星期二不定期休）

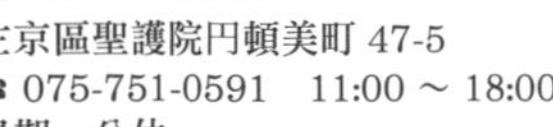

◉南禪寺
左京區南禅寺福地町
☎ 075-771-0365
8:40 ～ 16:30
（12/1 ～ 2/28 ）
8:40 ～ 17:00
（3/ 1 ～ 11/30）
年底（12 月 28 日～ 31 日）
無法受理一般參拜

◉肉店荒井亭
東山區三条通白川橋東入ル
4 丁目中之町 185
☎ 075-771-3797

名勝 11

來去銀閣寺！

銀閣寺正式的名稱是慈照寺。但是寺廟外面並沒貼滿銀箔，不過庭園裡有巨大的樹籬，而且能眺望京都市內，很多地方值得一看。附近有畫家設計的美麗庭園、哲學之道、以及風情萬種的商店。因此這個區域實在不應該走馬看花，最好慢慢逛，好享受悠閒的時光。

附近的超值品

食 ✕ 2處

觀 ✕ 2處

庭園裡有一個名為「洗月泉」的小瀑布

名稱很有詩意

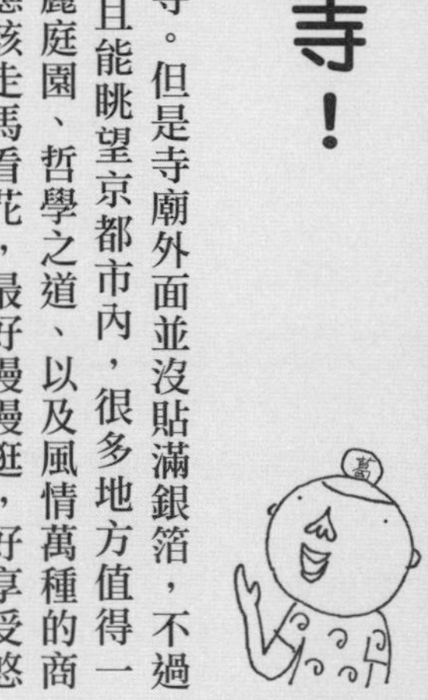

像天鵝絨般的青苔庭園……
滾滾
滾
滾
滾
滾
滾

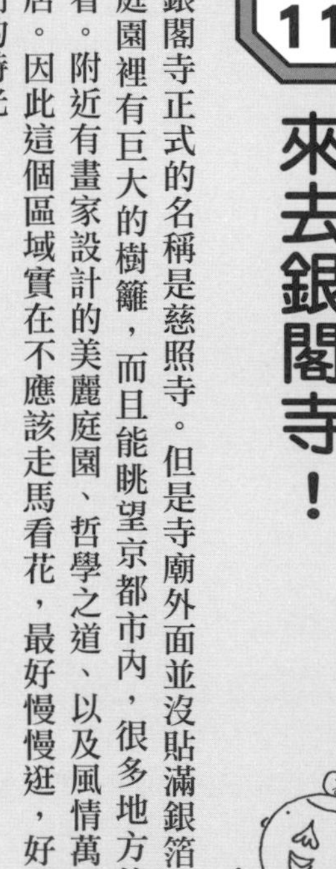

很難忍住想在地上滾的衝動，非常辛苦
蠢蠢欲動
蠢蠢欲動
沒人像我一樣要痛苦忍住這樣的衝動嗎？
門票
500日圓

觀

日本畫家做的夢是……

白沙村莊　橋本關雪紀念館

嵐山有演員大河內傳次郎所興建的「大河內山莊」庭園，這裡則有日本畫家橋本關雪畫伯完成的庭園。這兩座庭園的共通點是，這兩位男士都著魔於設計庭園，對於設計庭園充滿熱情。他們現在一定也從某處，正在守護他們視爲桃花園的庭園

呵呵！我的庭園怎麼樣啊？
哇！關雪畫伯！
太厲害了！一個人就可以完成這麼漂亮的庭園!!

門票1500日圓，含在館內享用抹茶和甜點的費用。也可以預約用餐，一客4500日圓起

觀

銀閣寺蕾

給喜歡骨董和服的你

這個骨董和服店同時也是NPO京都古布保存會辦事處，也企劃、舉辦和服展，非常適合京都商店的氛圍

這裡的和服展（和一般和服店的展示會不同，不是以銷售為目的，請放心）最貼心的是可以讓顧客自己摸摸看

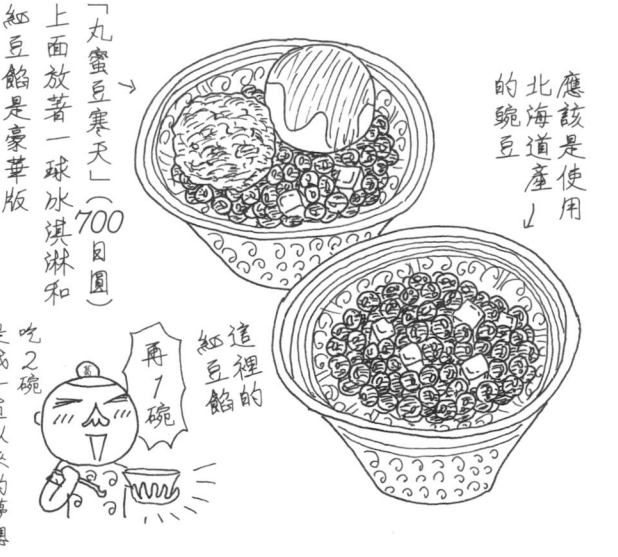

乀～原來摸起來是這種觸感

夏季時也展示夏季和服→

這間京都商店原本是茶道老師的家

依展覽不同
門票價格也不同

食

銀閣寺 喜美家

東京庶民美食蜜豆寒天，也受京都人歡迎

550日圓

紅豌豆＋寒天＋黑蜜製成的「蜜豆寒天」，為什麼這麼簡單的組合卻這麼好吃？

應該是使用北海道產的豌豆↓

「丸蜜豆寒天」（700日圓）上面放著一球冰淇淋和紅豆餡是豪華版

這裡的紅豆餡

再1碗

吃2碗是我一直以來的夢想

食

不老園

餐點精緻、氣氛又典雅

猛一看像是料亭的西式餐廳
據說建築物原本是旅館

從外觀看來，這家
餐廳一定不便宜
不過菜色這麼
費工夫，漢堡套餐
卻只要這個
價錢 ← 1400日圓

讓人覺得
物超所值
盡興而歸

漢堡肉很厚實
馬鈴薯沙拉

醋汁鰻魚

白飯

不老園

味噌湯　還有時令蔬菜，每一樣都不馬虎而且美味

◉銀閣寺

左京區銀閣寺町 2　☎ 075-771-5725
參拜時間　夏季（3/1 ～ 11/30）8:30 ～ 17:00
　　　　　冬季（12/1 ～ 2/ 末日）9:00 ～ 16:30
年中無休

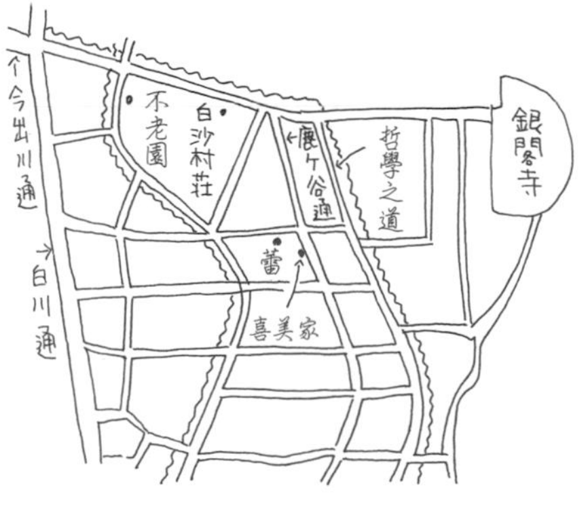

◉白沙村莊　橋本関雪紀念館

左京區淨土寺石橋町 37　☎ 075-751-0446
10:00 ～ 17:00

◉銀閣寺蕾

左京區淨土寺上南田町 60　☎ 075-761-3803
16:00 左右 星期一、二、三、五公休

◉銀閣寺　喜美家

左京區淨土寺上南田町 37-1　☎ 075-761-4127
10:30 ～ 17:30　不定時休息

◉不老園

左京區淨土寺石橋町 30-1　☎ 075-771-1276
星期一和四～日 12:00 ～ 13:30（最後點餐時間）
　　　　　　　17:30 ～ 21:30（最後點餐時間）
星期三　17:30 ～ 21:30
星期二公休

來去龍安寺！

龍安寺禪寺，以石庭著稱。這個石庭有15個石頭，有人說不論從哪裡看，一定會有1個石頭看不到，不過其實從某個地方看，確實可以看到15個，大家不妨找找看這個地方在哪裡。可能遠在天邊，近在眼前……。被石頭、石頭、石頭包圍，心也要靜如止水。

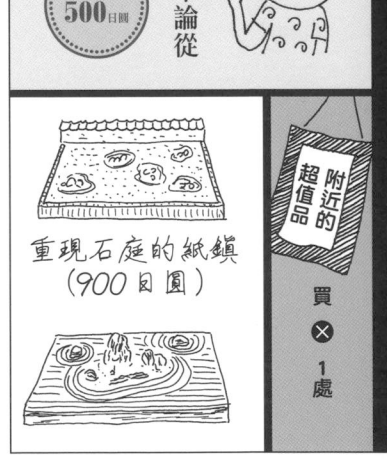

附近的超值品
重現石庭的紙鎮
(900日圓)
買 ✕ 1處

吾唯足知的石製洗手盆

這個石製洗手盆
(庭院的淨身洗手盆)
如果共用中心的「口」字
依照順時針方向就是
「吾唯足知」
這四個字
(禪家格言
意指「惟有知足才是幸福之道」)

吾唯足知

中國對這字很難解釋漢個該人要幾應

寶塔

寺內西邊有一個緬甸風的寶塔，是為了記念二次世界大戰在緬甸戰死的人，或許因為如此寶塔旁的杉木園看起來就像是南洋的森林
(可能刻意這樣裝飾)

裡面有一尊小的緬甸佛像

北山都乾園

給想造園的你……

在龍安寺的公車站忽然看到很大的石頭堆積如山

我好奇那是什麼，於是仔細一瞧，發現那裡有數量驚人的石塔、燈籠石製洗手盆等……

這裡好像是間石材店可以選購燈籠、石塔等很有意思

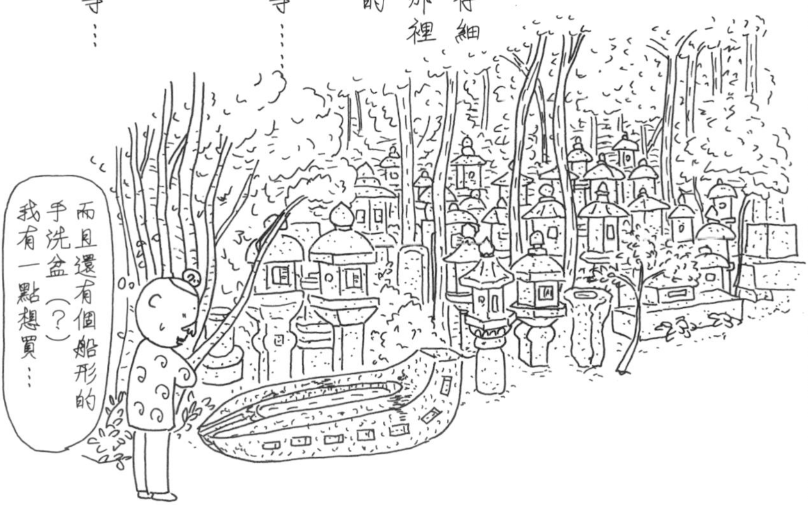

而且還有個船形的手洗盆（？）我有一點想買……

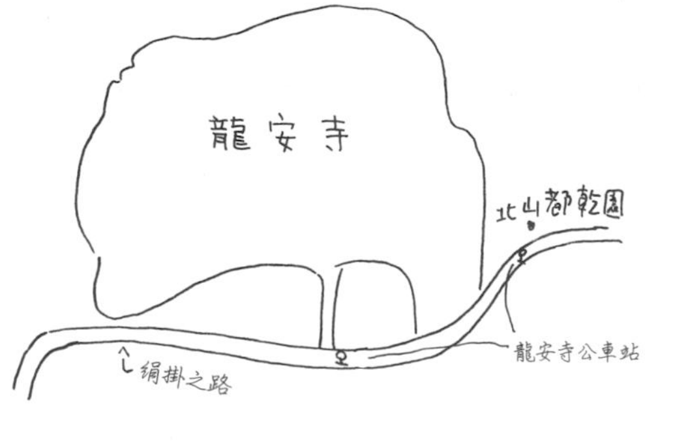

◉龍安寺

右京區龍安寺御陵下町 13
☎ 075-463-2216
8:00 ～ 17:00
（12 月 1 日～ 2 月末は 8:30 ～ 16:30）

◉北山都乾園

右京區龍安寺御陵下町 11-1
☎ 075-463-6423

「帶你遊京都～」～葛建議的散步路徑～

如果你要帶的是這樣的人，可以走這條路。

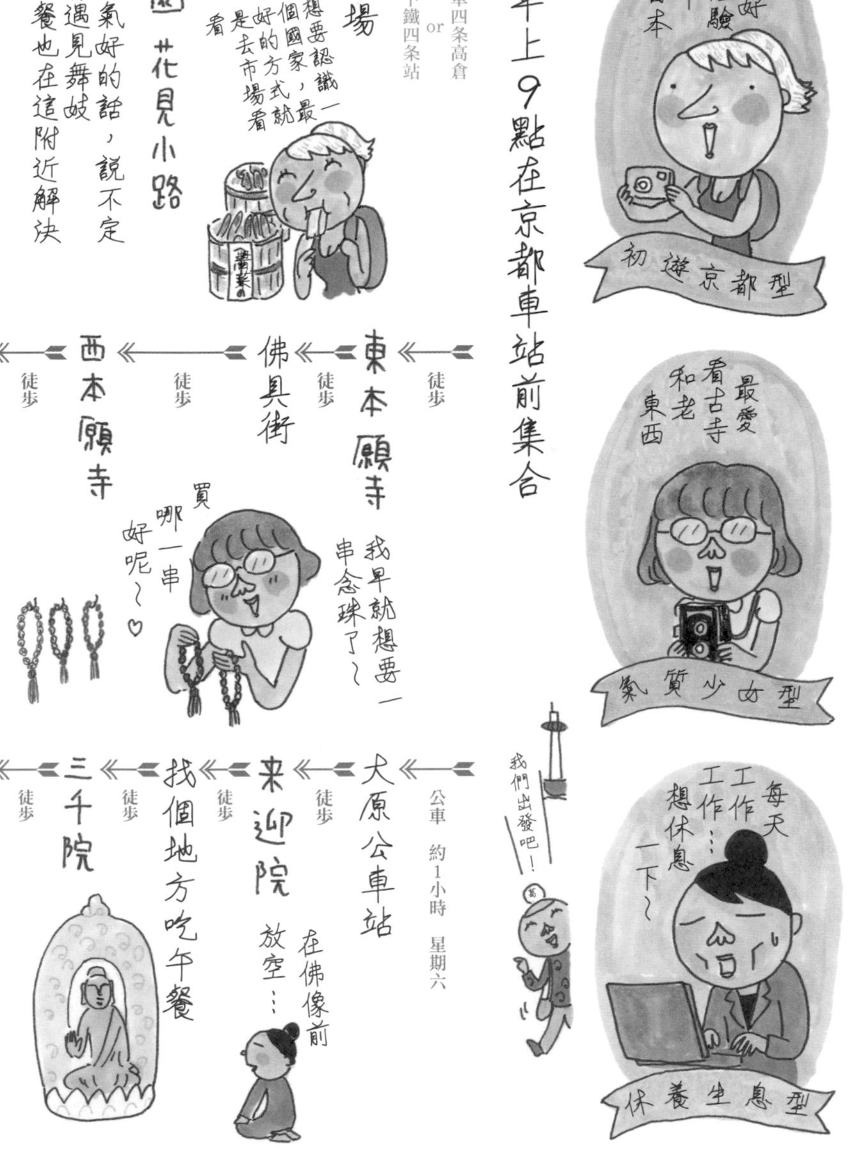

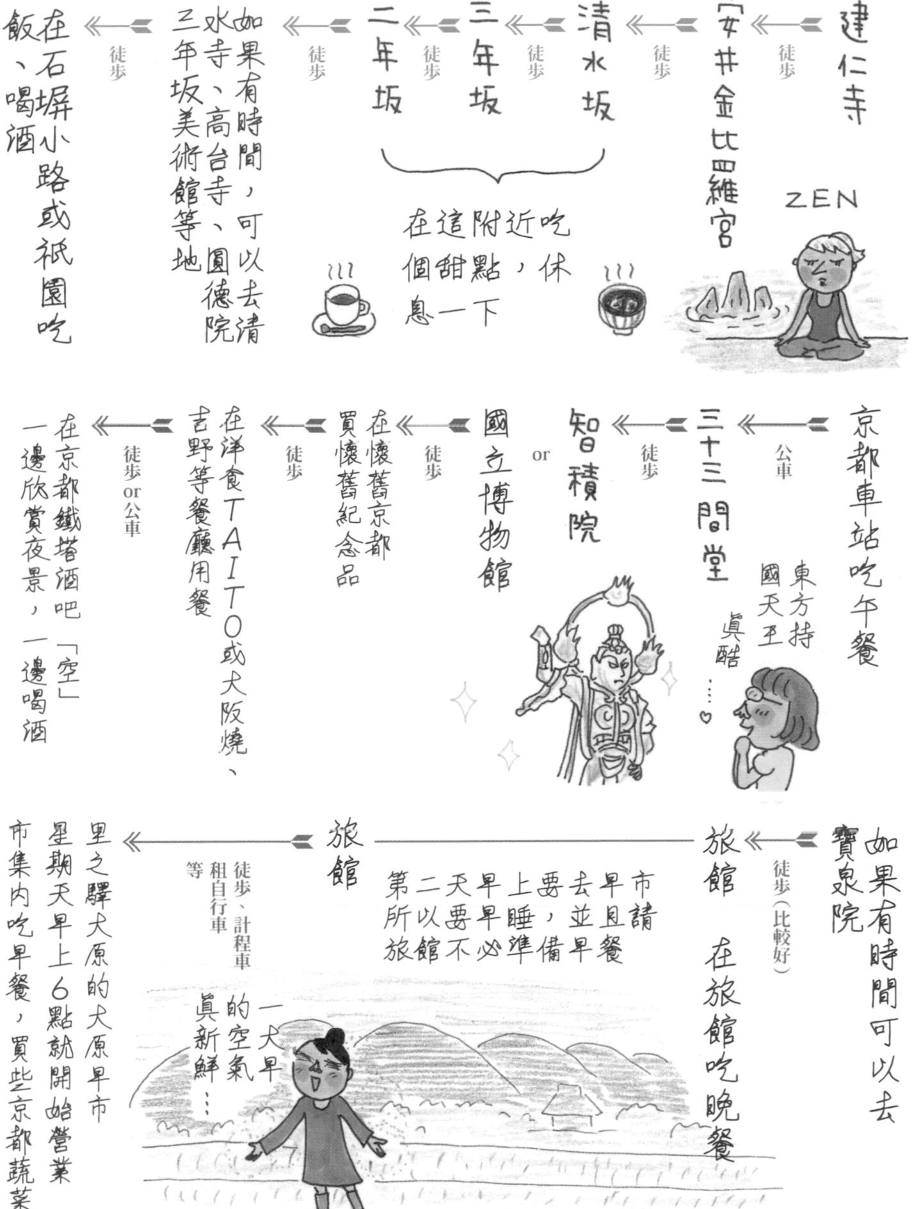
建仁寺
徒步
安井金比羅宮
ZEN
徒步
清水坂
徒步
三年坂
徒步
二年坂
在這附近吃個甜點，休息一下
徒步
如果有時間，可以去清水寺、高台寺、圓德院三年坂美術館等地
徒步
在石塀小路或祇園吃飯、喝酒
京都車站吃午餐
公車
三十三間堂
東方持國天王
真酷……
徒步
智積院
or
國立博物館
徒步
在懷舊京都買懷舊紀念品
徒步
在洋食TAITO或大阪燒、吉野等餐廳用餐
徒步or公車
在京都鐵塔酒吧「空」一邊欣賞夜景，一邊喝酒
如果有時間可以去寶泉院
徒步（比較好）
旅館
在旅館吃晚餐
市請旅館不必準備早餐
去早市，並且第二天早上要早睡，所以要早
旅館
徒步、計程車
租自行車
等
一大早的空氣真新鮮……
里之驛大原的大原早市星期天早上6點就開始營業市集內吃早餐，買些京都蔬菜

京都人吃的美食

當地人也會去的店絕對美味。

烏龍麵和鯖魚壽司

京都人的靈魂食物

萬福的狐烏龍

炸豆皮條和九条葱，搭配軟Q的烏龍麵條和讓高湯提味的醬油，這些都是京都狐烏龍的基本要求，讓京都人安心的好滋味

大原早市賣的鯖魚壽司

從若狹到京都的這條路，因為以前運送很多鯖魚，所以被稱為鯖魚街，可見京都人很久以前就很愛吃鯖魚

滿壽形屋的鯖魚壽司烏龍麵套餐

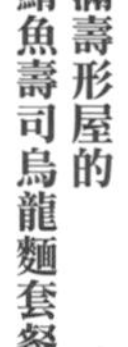

像工藝品一樣漂亮，同時又很可口的鯖魚壽司，加上高湯美味的烏龍麵，這就是京都才有的極品套餐，望著都會出神……

西式餐點

很多物美價廉的店家

荒井亭肉店的可樂餅

熱騰騰、酥脆、多汁。1個65日圓就能享受的人間美味。好像再多也吃得下！好羨慕住在這家店附近的居民

不老園的漢堡肉套餐

厚實的漢堡加上旁邊的配菜，所有味道都絲毫不馬虎，吃完以後有幸福的感覺

GRILL ALONE的豬排咖哩飯

這裡西式餐廳的「份量」都很多，尤其是以超大蛋包飯著稱。吃不完還可以打包帶走，不會浪費食物

低調的名產

嚐過就會迷上

伊佐揚的可樂餅

在大原早市販賣，從一大早就熱賣，吃了以後就知道搶手的理由

大原的水煮蛋

大原水煮蛋的特色是蛋黃厚實，廣受喜愛

吉野的大阪燒

京都有些商店賣的大阪燒，會加入內臟之類的肉，這樣的店家所搭配的辣醬，非常美味

增強活力

而且美味

成瀨的鳥山燒

京都電影人喜愛的豪邁烤雞腿

能登與的鰻魚飯

鰻魚烤得恰到好處，外表油亮酥脆，肉質柔軟

京都鐵塔酒吧「空」的牛筋肉咖哩飯

咖哩和牛筋肉超搭

麵類

略帶京都味

系仙的炒麵

手撖麵搭配有深度的調味方式。配料細膩是京都的特色

西陣飯店的長崎什錦麵

這裡也用手撖麵，湯的調配也是一絕

美濃屋的炒麵套餐

與其說是京都風，倒不如說它是關西風應該更貼切。雙倍碳水化合物

▲天神堂的烤麻糬（p50）

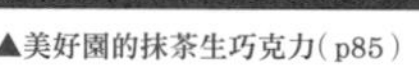

▲美好園的抹茶生巧克力（p85）

▲五建外良屋的紅豆飯日式饅頭（p23）

甜點天國

京都最棒的地方在於吃「甜點」很少踩到地雷。尤其是「日式饅頭」和抹茶類的甜點。最基本的「紅豆餡」、「麻糬」和「抹茶」吃起來都有很厚實的基礎。

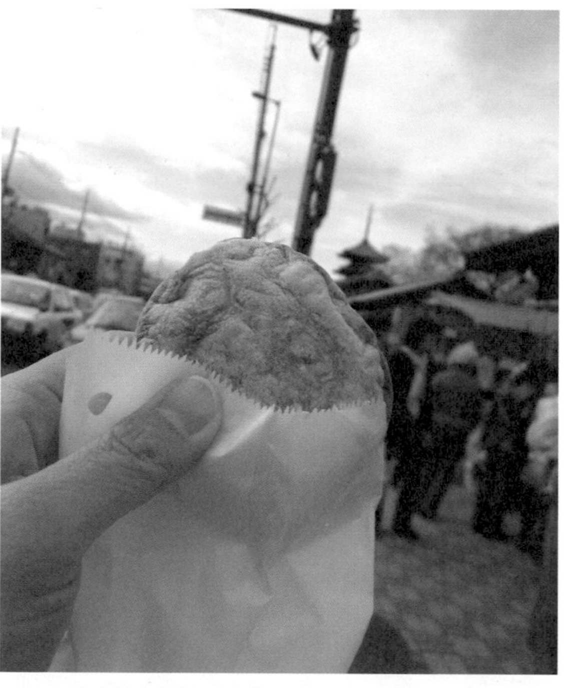

▲21日東寺弘法市集限定的「東寺餅」：烤艾草大福

▼日榮堂的御手洗丸子（p50）

▼麩嘉的麩饅頭（p110）

▼五建外良屋的甜糕（p23）

▲小松屋的金鍔(p119)

▲日榮軒的水無月(p45)

▲花子的新鮮甜點(p115)

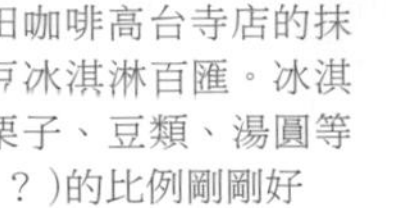

▲前田咖啡高台寺店的抹茶黃豆冰淇淋百匯。冰淇淋、栗子、豆類、湯圓等配料(？)的比例剛剛好

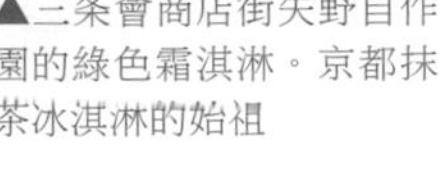

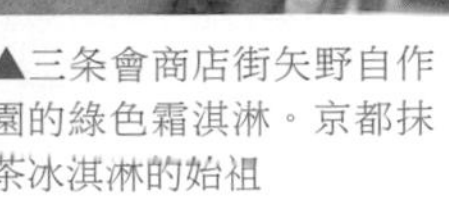

▲三条會商店街矢野自作園的綠色霜淇淋。京都抹茶冰淇淋的始祖

◀吃甜點的餐廳也有各種風情，有明治時期的西式餐館、保留大正及昭和時期原汁原味的餐廳。由上而下分別是長樂館、笠木屋和日榮堂

▼寶泉堂的賀茂葵(p57)

▼平野屋的薄茶和新粉套餐(p136)

▼畑野軒老鋪的新粉(p112)

▲二次大戰前舞妓的貼畫。忠實描繪出舞妓髮型

魅惑的舞妓

提到京都就會聯想到舞妓。
不論古今，舞妓相關商品都是最好的伴手禮。
最近流行的伴手禮是「自己變成舞妓」。

現在還在使用的伴手禮包裝袋▶

▲觀光景點提供的一日舞妓服務。外國觀光客以為她們是真的舞妓而和她們合影留念，這一點讓我有點在意

二次大戰後賣給外國人的明信片▶

▼二次大戰前的舞妓肖像照

▲這是如假包換的真舞妓：上七軒的市麻里小姐。近距離看到舞妓，發現她不但長得可愛，還散發出一種讓人幾乎無法直視的光芒，懷疑自己是否在作夢，竟可以和她呼吸一樣的空氣！光是坐在她旁邊，就會興奮莫名，不由自主地HIGH起來，臉紅心跳

街上的超值品

走在京都街上要特別留意。不曉得哪裡會藏著超值品。

▲北野天滿宮附近的地藏菩薩。不論哪位雕刻大師或畫家，恐怕都製作不出這種讓人心情平靜的地藏菩薩

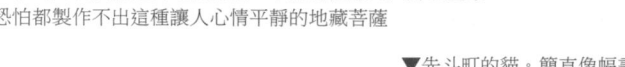

▼先斗町的貓。簡直像幅畫

▲守護家裡的鍾馗。一邊踩著邪魔，眼睛還一邊看著相機

京都獨一無二的招牌▲

▲在雨中，古橋旁有紅色郵筒，旁邊還開著可愛的小花。
飄散著想在這裡和某人相見的少女情懷

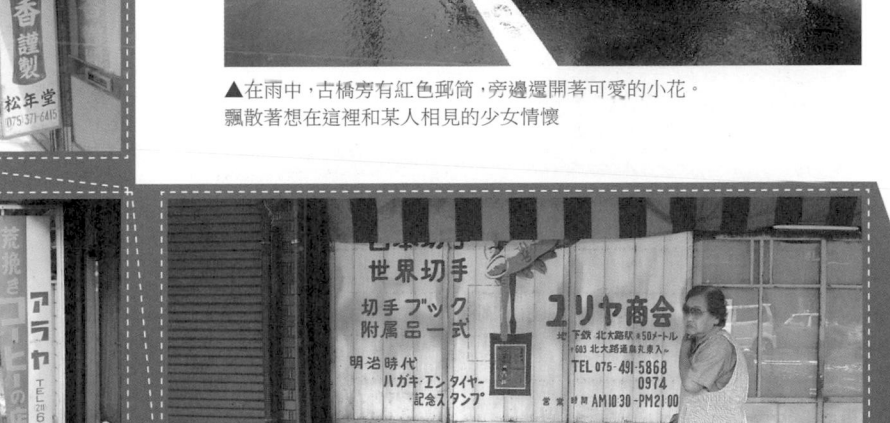

惜物京都

京都留下很多老東西，我想這應該要歸功於京都人不隨便丟東西的惜物（也可以說是儉約）精神。

▼住家前放的東西，代表這家人「說什麼也不想丟掉的心情」

銷售紙類的樂紙館，會把加工時產生的廢紙留下來，免費提供給顧客當便條紙，或以非常便宜的價格出售▶

◀京都流行骨董市集或二手書市集，果然也表現出這種「惜物的心情」

▲二次大戰後不久，京都針對外國人發行的明信片。「Honey Bucket」指的就是糞桶。以前連水肥也不會浪費

祈福京都 和禪意京都

祈福和禪意不只存在寺廟。

▲從簡單型到豪華型都有，街上到處可見地藏祠

▲供奉謎樣的「八兵衛」祠堂。正在拍手的是御多福咖啡的鬢角老闆（參見p122）

▲東大谷祖廟「萬燈會」中，也有小孩畫的、童趣十足的燈籠。如左圖，幾乎都是禪畫

▲禪寺建仁寺的架子上豎著1支麥克風……不知道其中隱含著什麼禪意……？

▲住家屋簷下放的盆栽。鳥居、綠草、取代花盆的茶壺、地面的裂痕，屋簷下彷彿自成小宇宙

布料京都

只有在京都才看得到各種布料。要不要當作伴手禮？

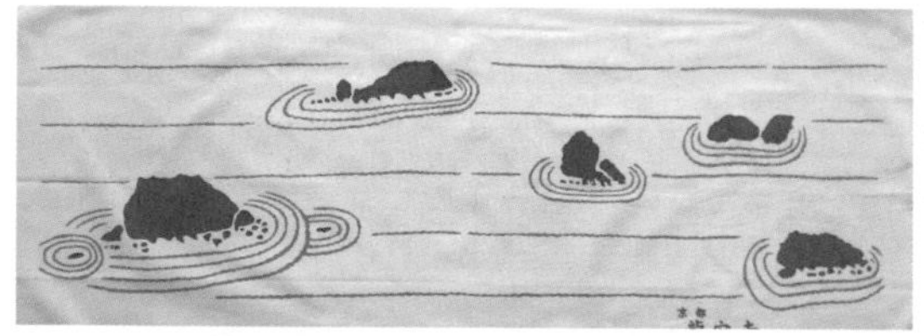

▲未來君毛巾（左上）、龍安寺手巾（古上）、用來做短外罩的京都景點布（左下）、愛宕古道手巾（中）、六波羅密寺手巾（右下）

▼木製大原女*。感覺是個工作狂（左）、大原女手巾（中）、紙粘土製（？）的大原女。兩眼之間是鼻子還是瘤？（右）

*在山城國大原（京都府京都是左京區大原）把木柴放在頭上販賣的女人

嚴選！魅惑8區
物超所值悠閒散步

如果限定在某個區域內散步，
還會體會到不同的魅力。
短時間內也能充分享受物超所值的京都！

區域 1

京都車站區

和尚也愛血拼

去京都車站除了搭車外
我還很愛吃伊勢丹百貨地下街的Gelato店賣祇園八橋冰淇淋
也可以在Porta或Cube商店街，或在伊勢丹地下街用餐或購物
不過距離京都車站幾分鐘車程的著名觀光景點東本願寺和西本願寺
佩服
葛
葛
活了四十幾年來

觀

Mister Donuts和 Cafe du Monde

沉浸於旅情而忘了時間

可以俯瞰車站閘門的2樓單人座位。
因為是連鎖店沒有京都的風情
不過可以觀察車站內的人來人往倒有濃厚的旅情
多數乘客應該不是觀光客，而是當地居民
此外，冬天會有一點冷
我在這裡
飲料 320日圓～

今天第一次走進來
鏘鏘鏘鏘
聲勢浩大的音樂
不知道為什麼，葛是知道這座寺廟很大
哇嗚
如果用電影來比喻，就像是過年的賀歲鉅片或中元節上映的大片

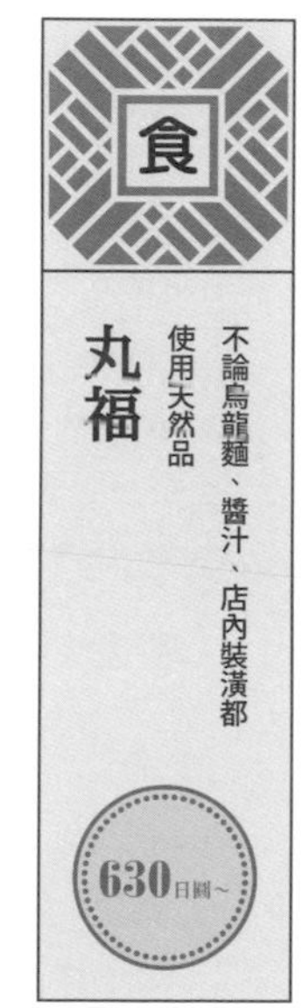
食
丸福
不論烏龍麵、醬汁、店內裝潢都使用天然品
630日圓~

這裡的烏龍麵光亮、滑溜彈牙，就像是「絕世美女」
呵呵
醬汁也是天然粹取，店內擠滿當地人，呈現出「今天來吃好吃的烏龍麵」的興奮氛圍

天婦羅也炸得酥脆、可口

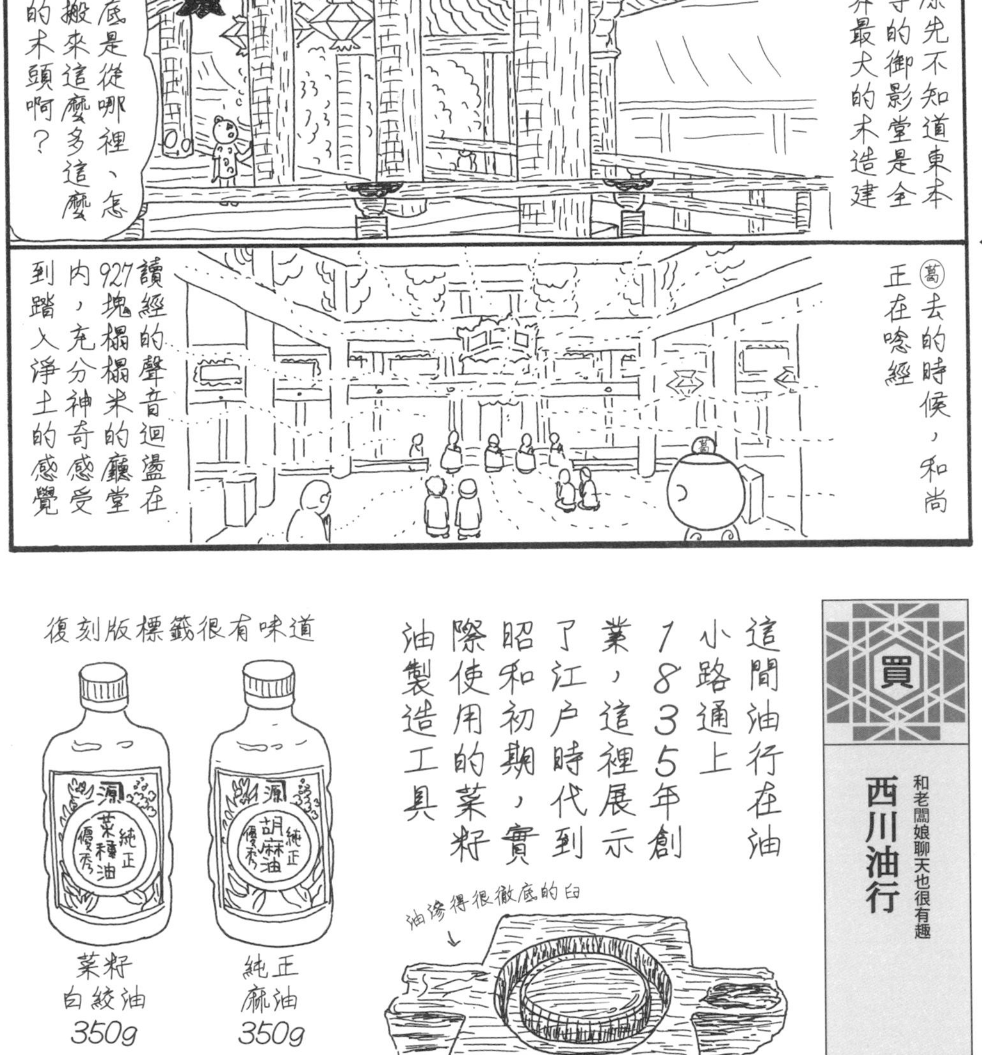
葛原先不知道東本願寺的御影堂是全世界最大的木造建築
到底是從哪裡、怎麼搬來這麼多這麼粗的木頭啊？
葛去的時候，和尚正在唸經
讀經的聲音迴盪在927塊榻榻米的廳堂內，充分神奇感受到踏入淨土的感覺
油滲得很徹底的臼
復刻版標籤很有味道
菜籽
白絞油
350g
250日圓~
純正
麻油
350g
600日圓~

買

西川油行

和老闆娘聊天也很有趣

這間油行在油小路通上，1835年創業，這裡展示了江戶時代到昭和初期，實際使用的菜籽油製造工具

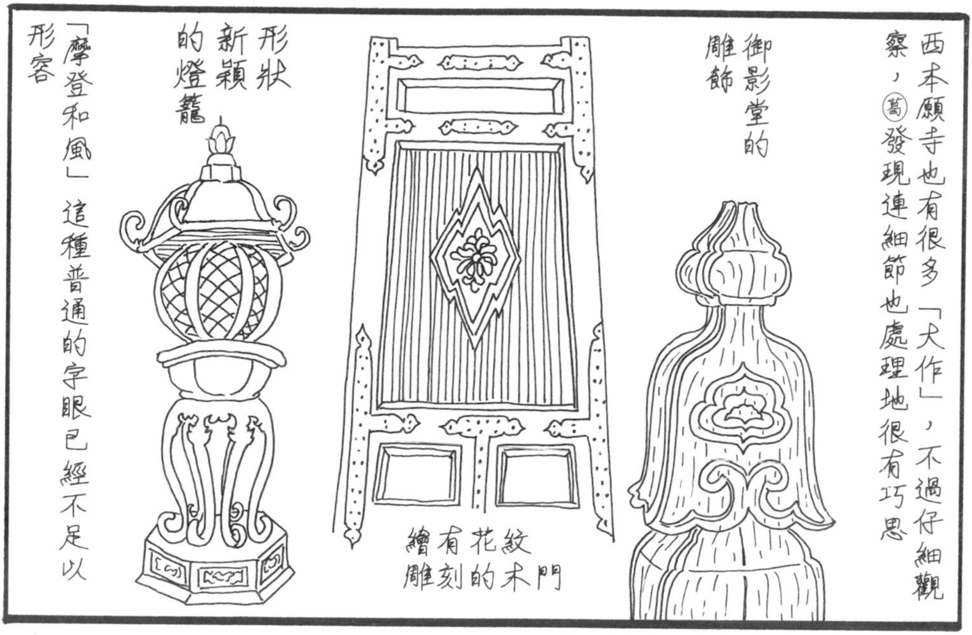

西本願寺也有很多「大作」，不過仔細觀察，葛發現連細節也處理地很有巧思

御影堂的雕飾

繪有花紋雕刻的木門

形狀新穎的燈籠

「摩登和風」這種普通的字眼已經不足以形容

食

美好園

生巧克力引出高級抹茶的實力

抹茶生巧克力 300日圓

1872年創業的茶行店內可以品嚐用自家茶製成的點心

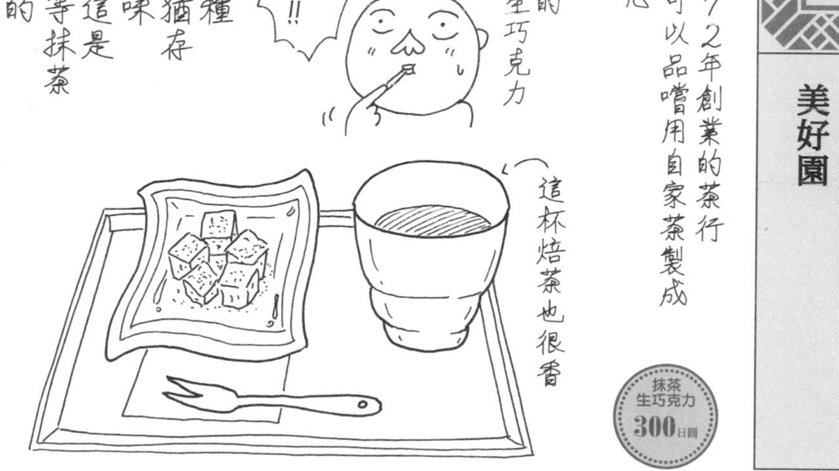

這裡的抹茶生巧克力
這
這種味道!!
葛
有一種餘韻猶存的美味
原來這是用上等抹茶製成的
果然是茶行才做得出來的點心
這杯焙茶也很香

還有，南方的唐門有各種想像或真實存在的動物雕刻

麒麟

唐獅子

豹（？）

觀賞這些動物很容易忘了時間，因此據說也稱為「日暮門」

最令(萬)驚訝的是，這兩座本願寺觀賞價值十足的，竟然都免費

度量真大

距離京都車站這麼近的地方也有這麼棒的觀光景點

東本願寺吉祥物「鸞恩君」

買

東本願寺・西本願寺

買拌手禮的集結處

東本院寺裡有豐富的原創和菓子
豆菓子放在木版畫的漂亮盒子裡
1個 500日圓
おひがしさん 東本願寺
おひがしさん 東本願寺
西本願寺的屋瓦和銀杏模樣的手巾都呈現出非常洗練的設計
兩片一組 2500日圓

◉東本願寺
下京區烏丸通七条上ル
☎ 075-371-9181
3月～10月 5:50～17:30
11月～2月 6:20～16:30

◉西本願寺
下京區堀川通花屋町下ル
☎ 075-371-5181

◉丸福
下京區東洞院通七条下ル
塩小路町 530-5
☎ 075-371-4258
11:30～15:00
18:00～20:00
星期日公休
（國定假日營業）

◉西川油行
下京區油小路七条下ル
油小路町 249
☎ 075-343-0738

◉美好園
下京區油小路通花屋町
下ル仏具屋町 235
☎ 075-371-1013
9:00～18:00
星期日和國定假日休息

◉井筒法衣店（風俗博物館）
下京區新花屋町通堀川東入ル
（井筒法衣店5階）
☎ 075-342-5345　9:00～17:00
星期日、國定假日和中元假期公休
（8月13日～17日）休
※2012 春季前休館中

◉空中餐廳和酒吧空-KUU-
下京區烏丸通七条下ル
京都鐵塔 13 樓（觀景台 3 樓）
☎ 075-352-0253
午餐
11:30～14:00（LO／14:00）
中餐
11:30～17:00（LO／16:00）
※ 例假日和國定假日 11:00～
晚餐
17:30～21:00（LO／21:00）
酒吧
17:30～23:00（LO／22:45）

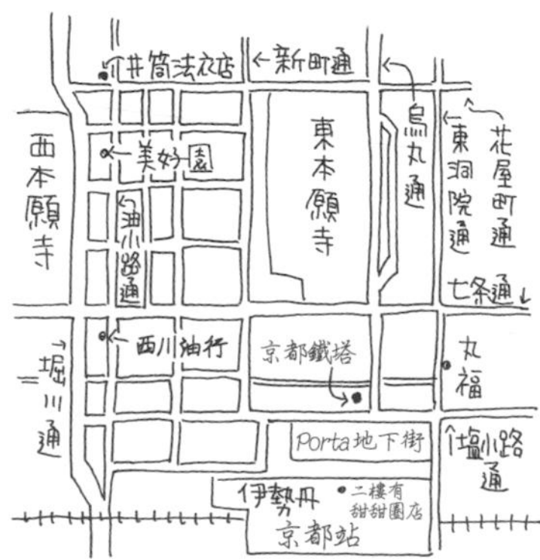

即使是因為在京都出生，住在京都。

我還沒出生以前就對京都很有興趣，所以決定要生在京都
呵呵

——不會有人說這種話吧？不過住在京都的「外地人」，有人「還沒住在京都之前就對京都有興趣」，比起土生土長的京都人，這種外地人知道更多神社佛寺、美味餐廳、時髦名店之類的京都資訊。

而且有些外地人因為換工作、或因為結婚而到京都，像這種原本非自願而搬到京都的人，對「京都式」也比京都人敏感，有時候會看到京都人看不到的特色。換句話說，外地人和京都人看「京都」的角度不同。(葛)和八条大宮的香料店「KUMARI」的斯里蘭卡女店長聊天的時候，才發現到這一點。

大宮絲娃拉娜小姐

斯里蘭卡迦勒出身，已在京都居住十一年。香料店（KUMARI）店長（現在已停業）。和日本籍先生及一男一女，一家四口一起生活。剛搬到京都來的印象是「京都車站好大！」。

KUMARI SPICE SHOP
店裡有南洋食材、珍貴豆類，還有斯里蘭卡的工藝品
斯里蘭卡國旗

店長日語流利，和她談話的時候，會感受到她的熱情和活力，加上香料的氣味，讓人不禁有身處遠方南國的錯覺，心情大好。(葛)有時候會去那裡買東西，有一天她穿一件很適合她、但是很不適合日本人的鮮艷蝴蝶印花T恤，(葛)問她：「這是在斯里蘭卡買的嗎？」

這件？
在Porta買的！
京都車站的地下商店街
什麼!?
哈哈哈

——讓(葛)嚇了一跳。如果去逛Porta地下街，一定不會注意到這件T恤。來自斯里蘭卡的她，在京都怎麼買東西呢？因為好奇，特別拜託她讓(葛)一起跟著去購物。「她叫做大宮絲娃拉娜，一般人稱呼她古瑪莉小姐，在斯里蘭卡邂逅了當時去旅行的日本男人，之後兩人結婚。她到日本來的第一年住在滋賀縣，第二年搬到現在住的八条大宮，今年已經是第十一年

了。她說如果是買衣服，多半會去距離住家走路十分鐘路程的京都車站附近。她喜歡的精品店在Porta，我跟她去的那一天正好店家在打折，古瑪莉知道了以後說：

啊！我忘了帶Porta的卡
扼腕

——果然是已經在日本住了十二年，完全融入當地的生活。她每次來逛Porta時，都會先去逛〔RIO〕這家店，因為這裡的衣服跟得上流行，顏色較鮮艷，價格又合理。剛才提到的那件蝴蝶印花T恤也是在這家店買的。這一天古瑪莉小姐戴黑色的毛帽和金光閃閃的項鍊，正好襯托她的容顏，讓人覺得她是個嬌小型的貴婦。她在〔RIO〕買了雅緻的灰色洋裝，結帳時特別問店員：沒帶集點卡，是不是以後可以補登點數？個頭小的貴婦可是很會精打細算的。

買完東西以後，我們一起吃飯，她挑的餐廳是Porta美食街的簡餐餐廳，賣蛋糕和義大利麵的〔Day's House〕。店門口展示著蟹肉義大利麵，所以她選擇光顧這家店。她最喜歡的日本食物就是松葉蟹（第二名是壽司，第三名是烤肉）。她點了松葉蟹的番茄肉醬義大利麵。我問她要不要喝啤酒，她說不該大白天就開始喝啤酒…但還是很開心地喝了兩杯。

逛街最後一站一定是去伊勢丹百貨公司的地下街。她在超市買食物，有時候也會買她喜歡的〔HENRI CHARPENTIER〕的起士蛋糕。最後因為東西太多，只好坐計程車回家。一般來說，當地主婦的購物狀況就是這樣。

看起來她完全融入京都當地，我問她：「和鄰居也相處得不錯吧？」「對，鄰居都很親切。」她這樣說讓我嚇了一跳，因為大家都說京都很排外，外來的古瑪莉小姐為什麼能大家打成一片呢？我問了在她隔壁開〔味美亭〕肉店的老闆，對古瑪莉有什麼印象，

她不會明明不懂還裝懂，有不知道的事情就會發問，努力想融入當地，所以我也會想好好教她
嗯，我也努力地想和大家打成一片

原來如此。京都人可能對不懂還裝懂的「外地人」很冷淡，但是對勇於說請教我不懂的地方的外地人，就會很親切。古瑪莉也不例外，因為她很努力，和當地主婦一樣享受購物的樂趣，所以成功地融入京都的生活。最後我問她，除了Porta以外，還喜歡京都哪個地方？

東寺SAN！
身為佛教徒，她很高興附近有寺廟。

她這樣回答。古瑪莉和其他東京人一樣，用「SAN」來稱呼寺廟。京都寺廟的風景，和她的身影，看起來竟然是那麼地協調。

這次的外地人是(葛)的朋友，他是住和歌山縣的和尚—鶴田修士先生。(葛)住在和歌山的時候就認識他。(葛)說老家在京都的時候，

在地京都人就應該知道，京都西本願寺、東本願寺附近有很多跟寺廟相關的商店，例如佛具、袈裟、念珠等。對和尚來說，應該是一個可以開心購物的地區。因此我決定跟著修士和跟著她來到京都的太太小環，看看和尚在京都如何購物。

首先，他說：「我想拿念珠去修理。」等一下，「修理念珠？」對(葛)來說簡直就是另一個世界。修士解釋說，念珠用了好幾年以後，裡面的穿繩可能損壞或鬆脫，在斷掉之前最好先拿去修理。平常常用的念珠分成葬禮用、法事用等，依不同用途，經常使用的有七～八條。而且其他寺廟的和尚也常送人家念珠當作紀念品，因此和尚通常有很多念珠。

修士為了修理念珠，順便看看新品，來到進口批發念珠用石頭的「樹下股份有限公司」。這裡的女董事是修士的朋友，她給我們看了很多還沒做成念珠的石頭串。說是石頭，其實從樹的果實到寶石各種材質都有，甚至還有每一顆都刻有佛像的珠子，

這次的外地人

鶴田修士先生

和歌山縣有田川町法福寺的副住持，總寺是位於京都市山科區的勸修寺。二十二歲開始，在大覺寺修行一年。第一次走在京都的街上，當時的印象是「京都的和尚好時髦喔」。即使穿便服、留長髮，和尚還是分辨得出誰是和尚。

(葛)一直以為念珠只有在喪禮時才會使用，現在像發現新大陸一樣驚訝。修士又說：「附近有家店在做念珠」，帶我到富小路花屋町的念珠製造批發商〔竹中源〕。〔竹中源〕利用家裡的一間房間來製作成品，公司小，成員只有社長、兒子和一個總務，是一間很有京都工匠味的工房。

這個工房接受各種訂單，從各宗派不同樣式的念珠（依宗派不同，念珠數量、配置、穗子形狀都不同），到地藏法會用的持誦千遍巨大念珠應有盡有。有時候電視公司因拍電視劇需要，還特別來訂製串珠穿繩會突然斷掉、珠子會四散各處的念珠。念珠穿過穿繩，掛在專用的棒子上，工匠再一條一條地編織下面

的穗子，完全是手工作業。

工匠全神貫注地用心地編著念珠，讓我覺得非常佩服，可是正當我在為眼前看到的景像所感動的時候，

旁邊的和尚和念珠工匠正興高采烈地談著職棒阪神隊的表現…原來〔竹中源〕的工匠都是阪神的忠實球迷。我想如果他們製作黃色和黑色相間條紋的阪神優勝祈願念珠，應該會是念力超強的念珠吧…一邊這樣想著，一邊離開了念珠工房。

接下來我造訪的地方是〔井筒法衣店〕大樓，五樓有一間風俗博物館，裡面展示著再現《源氏物語》六条院大殿的立體模型（連非常細微的部分也毫不含糊）。修士的一個年輕和尚朋友托他來找價格合適的袈裟，所以今天他先來看看。他向井筒的人說明來意之後，他們就帶我們到大樓裡的和室，裡面展示著符合我們需求條件的袈裟。哇！這簡直像另一個世界。袈裟也有很深奧的學問，依各宗派、用途、階層等的不同，形狀和花紋也各不相同。店家給我們看的鳳凰圖樣，是年輕和尚穿的，〔井筒法衣店〕的袈裟是陣織的，西陣織的袈裟可以說是京都傳統中的傳統。

果然各宗派很多總寺都集中在京都，所以這裡販售各種佛具和法衣，日本各地分寺的和尚到京都總寺時，會順便到京都的佛具或法衣店採購。〔井筒法衣店〕還提供郵購服務，不過多數和尚如果要買袈裟和高級佛具，還是會到現場看看實物。因為一件袈裟便宜的也要三十萬日圓，買一件不但可以穿一輩子，還可以代代相傳，所以和尚選購時會非常謹慎。〔井筒法衣店〕大樓裡還有一些房間，展示銷售香、念珠、華蓋等大大小小的相關物品，也接受特別訂製。

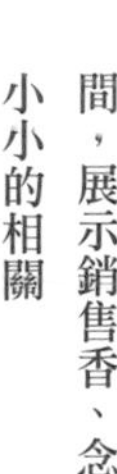

看了〔井筒法衣店〕的型錄，發現裡面有木魚、香爐、燈座、屏風，甚至有捐款箱、詩籤，寺廟相關的物品應有盡有，看得我眼花撩亂。

修士說，東京、名古屋、松山、廣島都有聚集佛具店的佛具街，可是京都製作的工藝品水準特別高，東京佛具被認為是名牌，也變成和尚嚮往的。和尚的購物世界果然和我們很不一樣。今天這趟本願寺周邊佛具店之旅，真的讓我看到了京都不為外地人所知卻非常京都的傳統實力。

*一種以四條繩索交互編織而成的裝飾品，由左肩披至背上

區域2

左京區

文藝女青年和舊書歐吉桑的休憩之處

左京區給人的印象就是「書街」。知恩寺每年10月都會舉行「秋季舊書市集」

舊書市集

全國各地重度愛好舊書的書迷（歐吉桑的比率很高）都會來朝聖

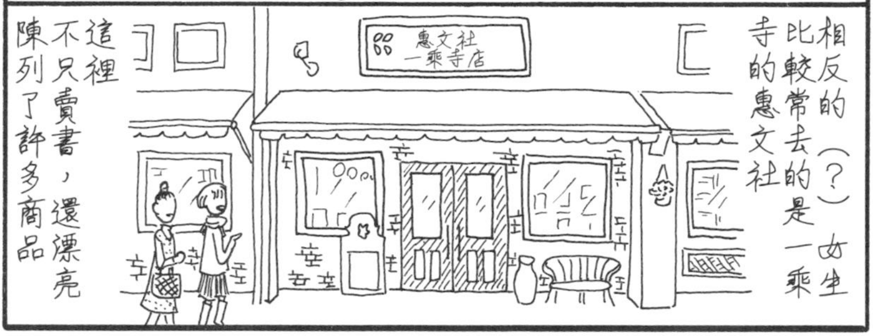

相反的（？）女生比較常去的是一乘寺的惠文社

惠文社 一乘寺店

這裡不只賣書，還陳列了許多漂亮商品

觀

知恩寺的手作市集

每月一次的手工市集

每月15日舉行，參與的手工店家有400家，我想這個市集是「表現欲最強」的場合，東西和店主都很有個性
很多店主自己有店面，把這裡當作「獻手藝」的地方
麵包、蛋糕或餅乾，都以天然為主流
黑米酵母
如果光看不買
免費
自家產的稻米或蔬菜
越光米
修改和服製成的洋裝
容器
只要是可以手工製的東西，這裡幾乎都找得到
手工的王道
木工品
家居小物

這裡可以當作時髦書店的指標了！店裡每到假日，就會擠滿來自全日本各地的文藝女青年
惠文社附近還有一家舊書店「萩書房」，招牌是東尼谷的人形立牌
明亮的舊書店
100~300
Wel Come!
過期女性雜誌、手工藝書等的售價合理，我想一定很合文藝女青年的胃口
1931年英國服裝雜誌1000日圓
二經濟子的妻百科寶典
以前的女性雜誌附錄賣1000日圓，另外還有偵探小說或幾十年前的漫畫，種類豐富
體驗價格20分鐘1000日圓
「整脊」也屬於手工類？
棕櫚掃帚大受歡迎
還有人一邊唱著自創曲一邊賣CD
也賣手工製釣竿
手工市集到了下午常常像沙丁魚公車一樣擠，所以推薦早上去

為什麼顧客比惠文社少呢！
……
可能覺得我很難搞的萩書房老闆
喜歡舊書的女生記得也要來萩書房哦！
崖書房的外觀很好認因為有輛車衝出牆（懸崖）外
崖書房
店內和外觀很不搭不只賣書還賣CD雜貨，並舉辦各種活動是家具有影響力的書店
這扇窗下面有烏龜↓
食
京都大學Camphora
讓你變聰明的咖哩？
不是京都大學的學生也可以來用餐其實很多闔家光臨的客人
午餐550日圓起
這裡的名產是京大校長設計的「校長咖哩」的海鮮咖哩裡面放了墨魚扇貝等配料豪華讓人覺得物超所值
另外京大和早稻田大學還聯合開發了啤酒喝了好像就會變聰明（心理作用吧）
WHITE NILE
海鮮咖哩
682日圓
白色尼羅河啤酒
525日圓

最近不知為什麼「舊書出租櫃」的二手書非常豐富

整櫃出租給二手書店或愛書的人

店名說不定也可以改成「舊書崖書房」~

店長 哈哈哈哈哈

喜歡書都是好事啦

舊書店善行堂的特色是木台上的價格均一

古本 善行堂

老闆山本善行先生也出過一些舊書相關的書 有「舊書達人」之稱

我在找這本書……每次跟老闆這樣說，他都會非常認真地幫我找

請問有沒有內容和和服風韻有關的書

我想用在下一本漫畫上~

什麼？穿和服的風韻!?

京都大學綜合博物館

可以緩和情緒的博物館

提到京大博物館總有一種莊嚴的感覺，沒想到這裡正在舉辦攝影展

沒有挖掘到什麼 有些垂頭喪氣

終於發現期待已久的化石，好開心！

飄散著溫暖的感覺

博物館紀念品店售有「太空筆」、「礦石標本」、「地質學家隨身筆記」等

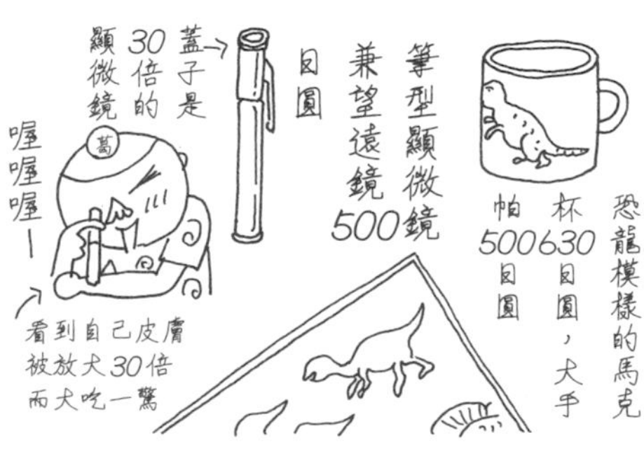

恐龍模樣的馬克杯630日圓，大手帕500日圓

筆型顯微鏡兼望遠鏡500日圓

蓋子是30倍的顯微鏡

喔喔喔—

看到自己皮膚被放大30倍而大吃一驚

理科小物很有意思

門票 400日圓

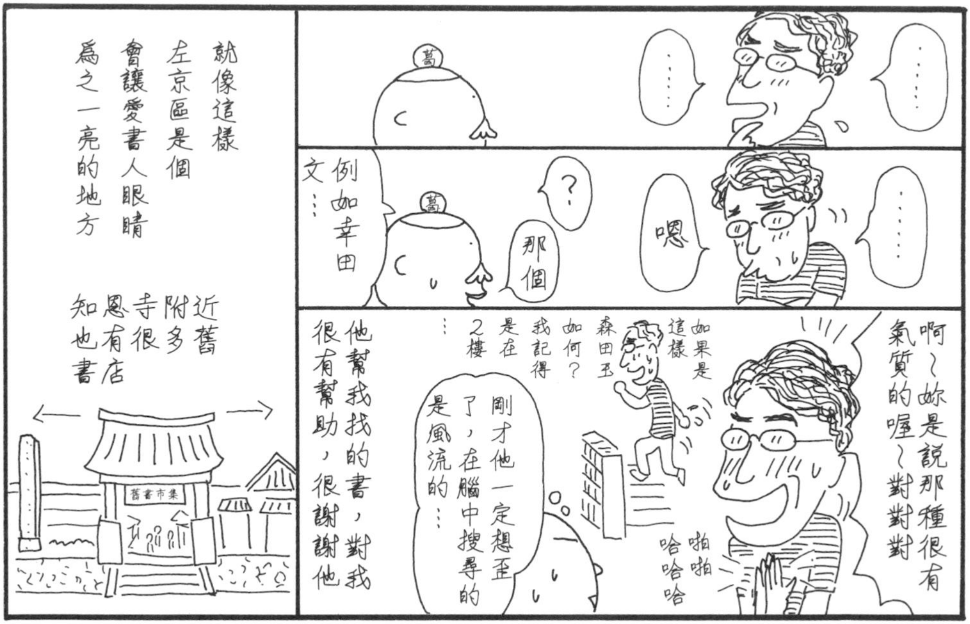

……

……

……

嗯

那個

？

例如幸田文……

啊～妳是說那種很有氣質的喔～對對對

啪啪哈哈哈

如果是這樣森田玉如何？我記得是在2樓……

剛才他一定想歪了，在腦中搜尋的是風流的……

他幫我找的書，對我很有幫助，很謝謝他

就像這樣左京區是個會讓愛書人眼睛為之一亮的地方

近舊附多寺很恩有知也書店

舊書市集

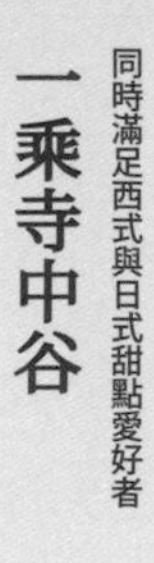

一乘寺中谷

同時滿足西式與日式甜點愛好者

西式與日式甜點二合一，也可以在店內食用

日洋合一的味道堪稱一絕，另外這裡的名產是「丁稚羊羹」

竹簍蕨餅和咖啡（紅茶）套餐

880日圓

蕨餅和上面的鮮奶油非常調和配上黃豆和黑糖蜜，味道也很和

羊羹倒在竹葉上蒸過之後有淡淡的竹葉香不會太甜口感讓人讚不絕口

騎腳踏車逛左京區不但方便
還有各種新發現
鎌倉時代的
巨大
地藏菩薩
帥氣的
西式建築
出町柳有腳踏車出租店
「巴西 CARILLON」
1天租金500日圓起

◉**惠文社**
左京區一乘寺払殿町 10　☎ 075-711-5919
10:00 ～ 22:00　全年無休

◉**萩書房**
左京區一乘寺里の西町 91-3　☎ 075-712-9664
12:00 ～ 20:00　第二個星期二公休

◉**崖書房**
左京區北白川下別当町 33　☎ 075-724-0071
12:00 ～ 22:00　不定期休息

◉**古書善行堂**
左京區浄土寺西田町 82-2　☎ 075-771-0061
12:00 ～ 20:00　星期二公休

◉**知恩寺手工市集**
左京區田中門前町 103　☎ 075-781-9171
9:00 ～ 16:00　每月 15 日

◉**京都大學Camphora**
左京區吉田本町　☎ 075-753-7628
平日 11:00 ～ 22:00
土日祝 11:00 ～ 15:30

◉**京都大學綜合博物館**
平日 11:00 ～ 22:00
例假日 11:00 ～ 15:30
10 星期一二公休（不論平日或國定例假日）
過年期間（12 月 28 日～ 1 月 4 日）公休

◉**一乘寺中谷**
左京區一乘寺花ノ木町 5 番地
☎ 075-781-5504
9:00 ～ 19:00　星期三公休
（11 月不定期休息）

近代鳴子小姐

小眾雜誌《modern juice》的編輯和發行人。神奈川縣出生。一九九六年起開始住在京都，但目前住在東京。剛搬到京都時的第一個印象是「冬天好冷」。著作有《我的室內設計》（PARCO出版）、《書和女子回憶的六十～七十年代》（河出書房新社）、《我的感傷之旅》（DISCOVER）。

這次㊔找的外地人，是編輯和發行京都小眾雜誌《modern juice》的近代鳴子小姐。這是一本報導有關女性和現代相關主題的雜誌。近代小姐透過舊書，詳細而有品味地介紹女孩的文化。之前刊登過連載漫畫的舊書情報誌《彷書月刊》，也連載過她編著的作品，因此㊔一直很想見她一面。而且㊔打算見面後，一定要來個「girls talk」，好好聊聊「舊書」和「女孩」的話題（舊書愛好者的心中都住著少女。我充耳不聞別人質疑我的年紀是否還能用「girl」這個字！），並且請近代小姐帶㊔逛她之前住的左京區附近（現在住在東京）。

那天，我們約在睿電出町柳車站前集合，近代小姐騎著腳踏車現身，就如同她的著作帶給人的感覺般，她很修長、時髦。感覺文藝女青年一定都喜歡的大姐姐（比㊔年輕）。這一天頗冷，近代小姐也好像有點感冒。可是她最先帶㊔去的地方，是充滿熱帶風情，讓人聯想到南洋殖民地的建築物。

這裡是京都大學農學系的演習林舊本部辦公室，現在農學部圖書館暫時搬來這裡。近代小姐一個朋友在這個圖書館上班，是他推薦的。這位朋友是大月先生，在這麼冷的天氣穿著薄衣，赤腳穿著竹皮屐（近代小姐說他一年到頭都穿著竹皮屐）。這棟建築物興建於一九三一年，是棟充滿平凡的摩登味，和讓人覺得溫暖的木造建築。大月先生也很喜愛，然而，對於圖書館改裝完成就必須搬回去另一棟大樓的這件事，大月先生覺得很遺憾。看到大月先生，我突然覺得他的樣貌和整個人散發出的氣息，和這裡的南國風和建築物非常協調。

這是㊔第一次進去京都大學，這所大學很難考，不過任何人都可以走進這所學校。而且這裡充滿綠意，還有很多感覺不錯的建築物…㊔對近代小姐說出我的感想後，她說住在這附近最好的一件事是，離糺之森等處很近，綠意盎然近在咫尺。

接下來去的是現在已經變成白川通

名勝景點的〔崖書房〕。近代小姐住在京都時，讓她大吃一驚的是，圖書館藏書不是很多（記得住東京的時候，很驚訝地發現圖書館居然有這麼多書），但是舊書店裡卻應有盡有。於是她開始愛上逛舊書店。〔崖書房〕雖然不是舊書店，但也擺有舊書，還有音樂CD和顧客可以自己隨手拿取彈奏的吉他，甚至還養了烏龜。和近代小姐很熟的店長說：

不過唯一可惜的是，只有甜點，比起日式饅頭，她更愛吃西式的蛋糕。書店為了讓顧客記念到〔崖書房〕一遊，特別布置了一塊像以前車站裡留言板的白板。我和近代小姐都隨手塗鴉在上面。

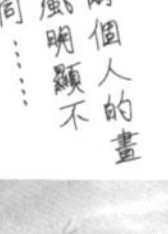

兩個人的畫風明顯不同……

之後我們穿過糺之森，到近代小姐非常喜歡的一家咖啡館〔yu_gue〕。其實這家店是㊙的一對朋友夫婦開的，讓我覺得「京都真是小」。近代小姐說，這家店一切的一切很合她的意，讓她有點嚇到，包括店內自製的貝果三明治（尤其是加蕃茄乾和奶油起司），用五香粉提味的湯餃，啤酒則是紅星札幌Lagar啤酒（很少商家賣這種啤酒），盛這些食物和飲料的容器，隨意放置的書和雜貨，以及有點怕生、不食人間煙火、好像神仙的老闆夫妻（他們常算錯帳，而且是少算）。近代小姐在舊書市集挑的一個箱子，放在咖啡店的入口附近，也融入了這家店的氛圍。

不知道為什麼這家店旁邊有人在賣馬毛牙刷，

yu_gue 下鴨松原町4-5
（不定期休息）075-723-4707

近代小姐今天介紹的人，好像都有自己的個性，忠於自己喜歡的事。應該是因為近代小姐也是這樣的人，才會認識這些人。我總覺得左京區一定有什麼磁場，能吸引有個性又有趣的人來。

吃了〔yu_gue〕的貝果三明治和湯餃，又喝了啤酒和梅酒後，我們再去一家賣中國菜，名為〔上海樂隊〕的小酒館，又吃了湯餃、炒麵、熱炒，喝了青島啤酒、紹興酒、燒酒，才意外發現近代小姐原來酒量食量都這麼好…啊，要來一段girls talk，一定要有像高中女生一樣的食欲。至於這段悄悄話的內容：

近：「京都太冷了，冬天都不想好好打扮」

㊙：「腐女會愛看BL的書嗎」

近：「我想做黃色書刊」

不過除了以上的話題，我們討論得最熱烈的話題是：

就算你說這哪裡是girls talk了，我也會假裝沒聽到的。不過就在不知不覺中，左京區的夜晚來臨了。

區域3

烏丸通區

沒想到很有趣的京都商業街

很多人說京都人很會精打細算

不輕易出手

沒有中意的

放回去

還是不買了

根據個人推測不少京都人喜歡逛二手店

不輕易丟東西

啦啦啦

弘法市集之類的骨董市場盛行也是因爲這個原因吧？

從烏丸御池逛到四条附近

永樂屋 細辻伊兵衛商店

詼諧有趣的舞妓手巾

江戸時代初期創業的「手巾屋」裡，有各種使用手巾的和風小物

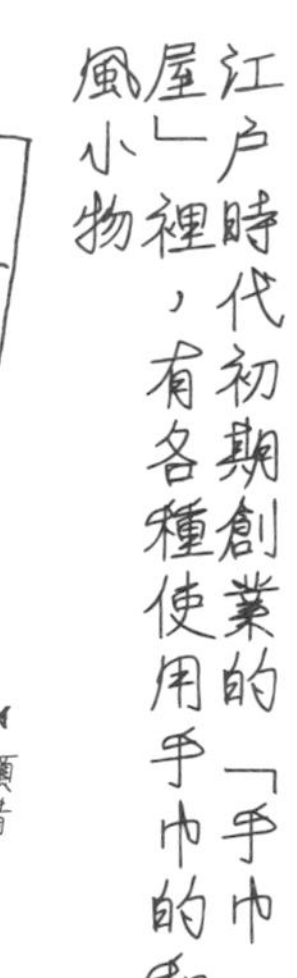

再現明治到昭和初期之間製造的手巾，當時的設計就很自由奔放

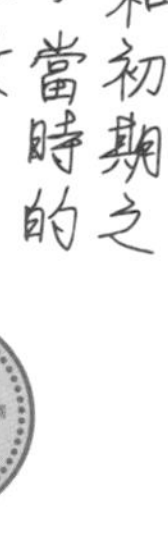

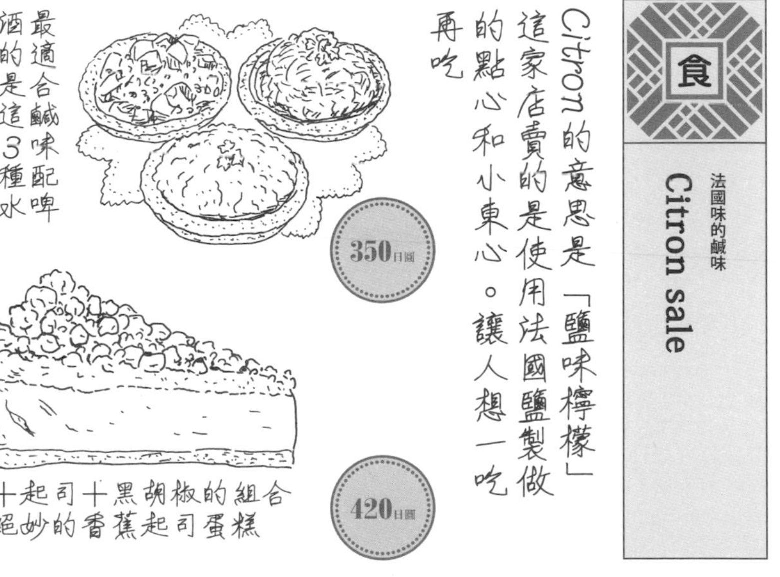

把老建築物再生當作博物館或商業設施
原本是京都中央電話局的建築物
搖身一變爲「新風館」
購物中心
新風館
文化也可以精打細算
——我眞是開了眼界

食

法國味的鹹味

Citron sale

Citron的意思是「鹽味檸檬」這家店賣的是使用法國鹽製做的點心和小東心。讓人想一吃再吃

最適合鹹味配啤酒的是這3種水果塔

350日圓

2樓和3樓的咖啡廳氣氛佳，而且價錢合理

香蕉＋起司＋黑胡椒的組合口感絕妙的香蕉起司蛋糕

420日圓

京都國際漫畫博物館原本是一所小學，一天花500日圓就能把館內「漫畫牆」上的5萬本漫畫看到飽

原本是小學的操場坐滿了正在看漫畫的大人和小孩

永遠這麼和平……

忍不住祈禱了起來

人工草皮

食

Flip UP!

吃過一次就會愛上這種厚實感

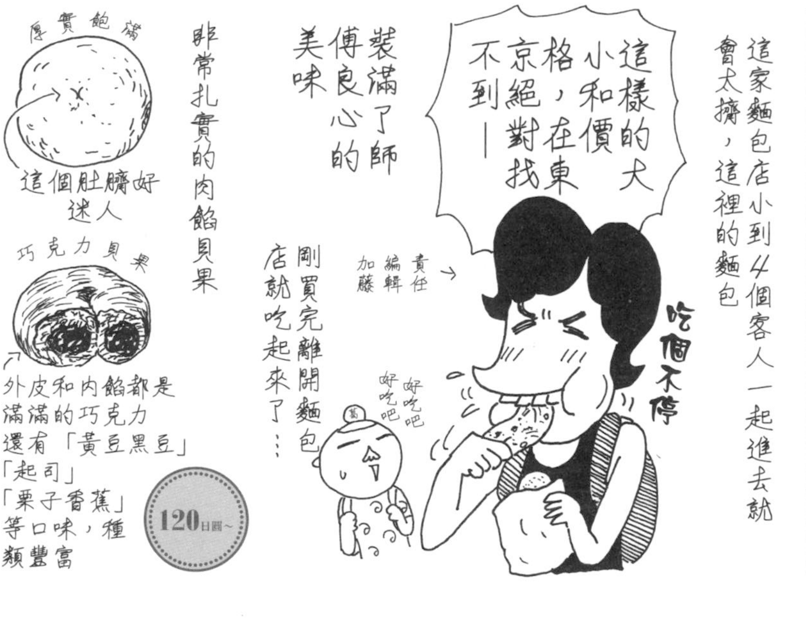

這家麵包店小到4個客人一起進去就會太擠，這裡的麵包

這樣的大小和價格，絕對在東京找不到－

裝滿了師傅良心的美味

責任編輯加藤

剛買完離開麵包店就吃起來了……

吃個不停

好吃吧 好吃吧

葛

非常扎實的肉餡貝果

厚實飽滿

這個肚臍好迷人

巧克力貝果

外皮和內餡都是滿滿的巧克力還有「黃豆黑豆」「起司」「栗子香蕉」等口味，種類豐富

120日圓～

京都藝術中心經常舉辦展覽或工作研習營等藝術活動
這裡也是廢校的小學
談話室還是以前教室的模樣
門票
免費
能在教室光明正大地睡覺，簡直像在做夢
這裡適合讀書也適合睡覺
很多人來使用這個設施

食

前田珈琲 明倫店

在教室喝香氣十足的咖啡

藝術中心裡還有教室改裝感覺很棒的咖啡廳

前田珈琲
珈琲
營業中

打開門，好像會聽到起立！敬禮！的聲音

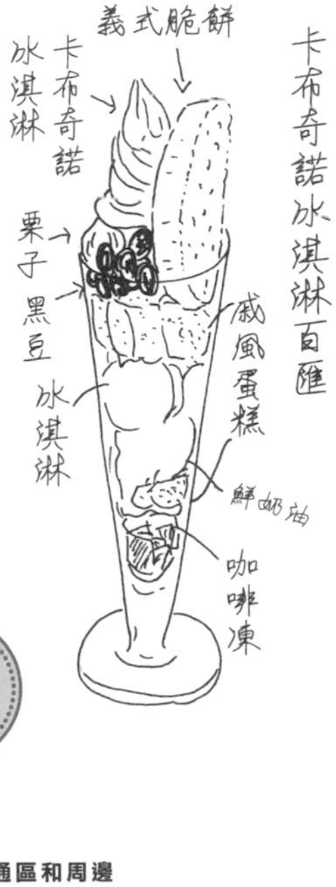

卡布奇諾冰淇淋百匯
義式脆餅
卡布奇諾冰淇淋
栗子
黑豆
冰淇淋
戚風蛋糕
鮮奶油
咖啡凍
超適合大人的冰淇淋百匯傑作完成了
840日圓

京都文化博物館利用了前日本銀行的建築物，裡面有日本電影迷必看的老電影海報和影像資料，而且持門票就能看正在上演的電影

磚瓦建造的這棟厚重的建築物由辰野金吾所設計，1906年完工

經常舉辦導演或演員的專題影展，例如山中貞雄、稻垣浩、黑澤明等，㊈在這裡看了許多日本名片

樂紙館

充滿「紙愛」的店

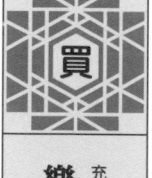

文化博物館裡有這家和紙屋的分店總店則在附近

和紙的信紙組合和明信片

質樸的木版畫

黒谷和紙

千代紙也應有盡有

這家店最可貴的地方是紙在加工時所產生的廢紙，會便宜賣給消費者，而且在這裡購物，一定會附贈廢紙給我們當便條紙

京都的美德就是不浪費，在這家店表露無遺

物超所值專區

廢紙區也很受歡迎。可以用這裡的紙做成明信片或名片

京都的家庭式烏龍麵，主流是軟軟的麵配上甘醇的薄色醬汁再加上九条蔥
「萬福」的「烏龍麵」就是一家非常有京都家庭味的店。這裡的昭和風情讓人忘了它其實位於市街的正中央
吸吸
什麼？烏龍麵的Q度？那是什麼意思？
七味
基上上京都的豆皮烏龍麵都把豆皮切成條狀

◉新風館

中京區烏丸通姉小路下ル
場之町 586-2
☎ 075-213-6688
購物 11:00 ～ 20:00
（星期五、六、日前一天營業時間至 21:00）
餐廳 11:00 ～ 23:00
不定期公休

◉京都國際漫畫博物館

中京區烏丸通御池上ル（元龍池國小）
☎ 075-254-7414
10:00 ～ 18:00
星期三公休（遇例假日則第二天公休）、年底年初和維修期間公休

◉京都藝術中心

中京區室町通蛸薬師下ル山伏山町 546-2
☎ 075-213-1000　10:00 ～ 20:00

◉京都文化博物館

中京區三条高倉　☎ 075-222-0888
10:00 ～ 19:30
（每週五營業時間延長至 19 時 30 分）

◉永樂屋　細辻伊兵衛商店

中京區室町通三条上ル役行者町 368
☎ 075-256-7881　11:00 ～ 19:00
無休

◉Citron sale

下京區室町通仏光寺上ル白楽天町 529
☎ 075-351-1311　12:00 ～ 23:30
不定期公休

◉Flip up！

中京區押小路通室町東入ル
蛸薬師町 292-2 SDK 大樓 1F
☎ 075-213-2833
7:00 ～ 18:00
星期一、日公休

◉前田珈琲　明倫店

中京區室町通蛸薬師下ル
山伏山町 546-2
京都藝術中心内 1F
☎ 075-221-2224
10:00 ～ 21:30
無休
（以京都藝術中心為準）

◉樂紙舘（本店）

中京區蛸薬師通高倉西入
☎ 075-221-1070
10:30 ～ 18:00
星期一公休
（遇例假日則星期二公休）

◉萬福

下京區鶏鉾町 474
☎ 075-221-4712
11:00 ～ 24:00
（星期六～ 22:00 左右）
星期日公休

和外地人一起逛京都
葛雷哥
菜青山
外地人就是非京都土生土長的人

這次的外地人是在四条河原町書店工作的渋谷孝先生（現在住在東京）。會認識渋谷先生，是因為有一次和替葛出書的出版社責任編輯一起去書店談業務。

責任編輯說，渋谷先生如果負責漫畫賣場，那家書店的漫畫銷量就會激增，可以說是「傳奇書店員」。葛的責任編輯希望他也能讓我的書銷量激增，才去拜訪他的。

到書店和店員談業務是一件很有趣的事，我向渋谷先生討教了漫畫界的動態，他也很詳盡地告訴我們很多事（其實不太瞭解漫畫業界）

你知道嗎？「NANA」的封面，畫的是兩個主角拿出來從早上起來以後一天的生活吧！

真的嗎！我以前都沒注意！

無言……

被冷落的漫畫家

你們現在完全忘了正事了吧

這次的外地人

渋谷孝先生

目前在東京書店工作的店員。出生於神奈川縣，身高一八五公分卻很怕生，迷了路也不好意思問路。不過不曉得為什麼常常有人向他問路。剛搬到京都的第一印象是：「垃圾放在家門前，垃圾車就會很確實地來回收，讓我嚇一跳。」

尤其是喜歡漫畫的責任編輯聽得津津有味，最後不像是在談業務，反而像是漫畫同好會的討論（而且是冗長的會議），葛想渋谷先生在成為傳奇書店員之前，應該是很愛漫畫的漫畫御宅族。

葛和這樣的渋谷先生一起展開京都漫畫之旅。渋谷先生住在京都才七個月，預定派駐京都店一年，之後應該就會回東京。我問他：「你去過京都國際漫畫博物館了嗎？」沒想到他還沒去過，我們就決定一起去…沒想到那天剛好休館！不過我們去了京都手塚治虫世界之後，覺得選那天去採訪真是明智之舉。

位於京都車站大樓東區的手塚治虫世界，渋谷先生和葛都是第一次來。那裡有卡通電影院、小型圖書館、卡通商品專賣店，雖然設施不大，但小型電影院播映的三十分鐘卡通，是只有這裡才看得到的原版卡通（當時演的是「原子小金剛．光輝的地球」），可以看到善用現代卡通技術又意義深長的作品，又可以在小型圖書館看手塚全集四百冊看到飽，門票只要兩百日圓，非常划得來。而且在卡通商品專賣店還買得到生八橋原子小金剛、怪醫黑傑克的手術衣等各種手塚商品，每種東西都讓人愛不釋手，渋谷先生說：

其實我不是手塚派，我是藤子派，我覺得手塚的「透明人」很可怕，在心理留下陰影…（以下省略）

那些都不重要啦，至少標示優衣庫尺寸的貼紙應該撕一下吧

他提到他看手塚漫畫的回憶；改編成連續劇時身為漫畫迷的反應；渡邊典子唱的主題曲「愛的火鳥」日語歌詞有點奇怪等，光是在這裡他就可以這樣滔滔不絕了，如果當天漫畫博物館

有營業，我想那一天一定就泡湯了，哪裡也去不成。不是嫌他的「渋谷漫畫故事」很無聊，事實上㊔很喜歡聽他說漫畫和書店的故事，讓我從中學到很多。

離開手塚治虫世界之後，我們前往漫畫業界有名的京都精華大學。在地下鐵國際會館前下車，可以搭乘校車，不是學生也可以免費搭乘。精華大學裡有很多綠意，環境好到養孔雀（不太懂為什麼）。門口貼的課表和徵人海報，

讓人覺得這裡果然是精華大學。其中最令人感激的是資訊館，一般民眾也能使用。當天其實是學生考試期間，櫃檯人員說，不對一般民眾開放，不過還是讓我們進入館內。

我原本以為大學是不能通融的地方，沒想到這麼有彈性。櫃檯小姐，謝謝妳。

情報館有很多書和錄影帶，地下室有周刊、月刊和各種漫畫雜誌（渋谷先生對這裡的柏青嫂漫畫雜誌非常齊全而尤其讚嘆），可以看到最新一期，我們談論各種話題，例如討厭在這些雜誌上連載的漫畫家等。我們都覺得精華大學的學生很幸福，我們也想進這所大學。如果入學考試會考漫畫知識，渋谷先生一定會被高分錄取。事實上學校還可以開設漫畫賣場店員的培訓課程，聘請渋谷先生當老師，不只有名的漫畫會大賣，他還可以指導一些名不見經傳的漫畫家，改善漫畫家收入差距太大的現象。我們一邊幻想這種不太可能發生的事，同時離開了精華大學。

之後跟渋谷先生說，這個採訪的主要目的是請外地人帶我們遊京都，請他告訴我們他常去哪家店吃東西、中意哪家店，沒想到他說「沒有」，他才來京都七個月。不過應該還是可以找到一家店吧？他說平常都自己開伙，休假則忙著打小鋼珠，所以沒去觀光…那你幹嘛來京都？（對了，是為了工作）

話說今天一直在講漫畫的事，沒提到京都，接下來我們去藤田旅館的啤酒屋。這裡視野好，又有特大號的啤酒，㊔很愛在這裡喝上一杯（可惜二〇一一年旅館停止營業了）。真不好意思，這裡也沒提到京都…。

渋谷先生好像只要有漫畫和小鋼珠就能滿足，不在京都也沒關係。和京都人一樣對京都不感興趣的渋谷先生，說不定是最強的外地人。這就是圍繞著漫畫的京都一天之旅。

區域4

錦市場區

京都廚房最適合邊吃邊逛

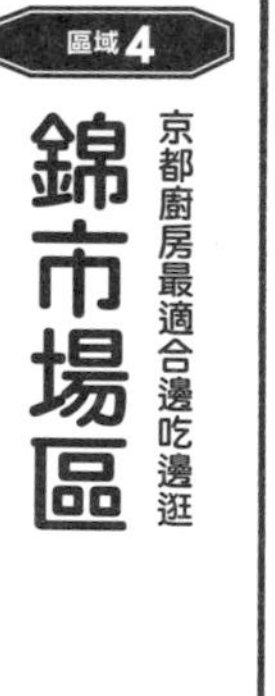

許多觀光客會造訪「京都的廚房」錦市場，這大約是從10年前開始的吧？

當然以前觀光客也會來，但是比現在少

觀　錦天滿宮

守護市場的學問和生意興隆之神

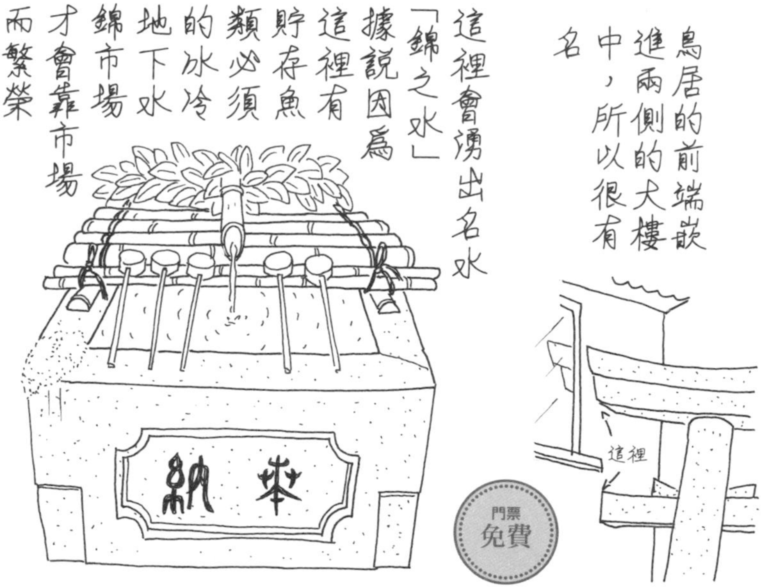

鳥居的前端嵌進兩側的大樓中，所以很有名

門票免費

這裡會湧出名水「錦之水」據說因為這裡有貯存魚類必須的冰冷的地下水

錦市場才會靠市場而繁榮

觀光客變多以後，錦市場的變化是……

一個150日圓

生黑鮪魚

日本海 ぐじ塩やき

一個150日圓

請直接取用!!

生醋漬章魚

生黑鮪魚 ¥150

生醋漬章魚 ¥180

商家賣很多可以邊走邊吃的食物

很多新開的餐廳、咖啡廳、小物店

原來二樓有咖啡廳

和以前比……

手巾好時髦

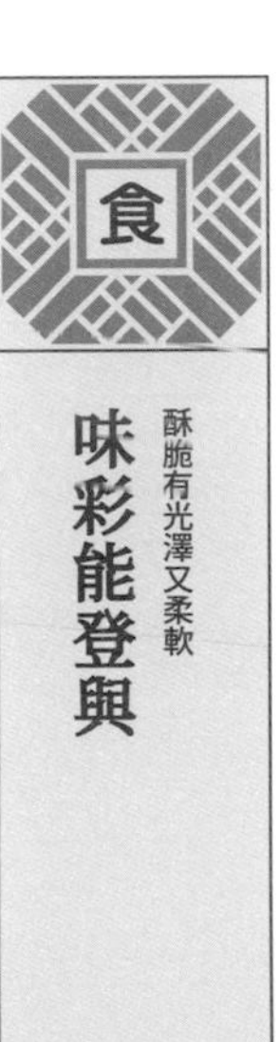

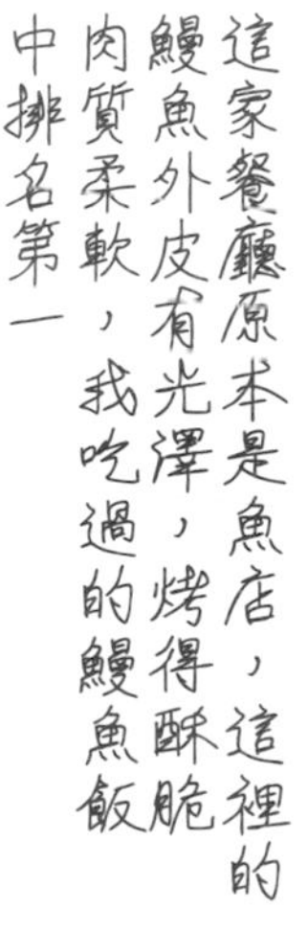

味彩能登與

酥脆有光澤又柔軟

這家餐廳原本是魚店，這裡的鰻魚外皮有光澤，烤得酥脆肉質柔軟，我吃過的鰻魚飯中排名第一

醬菜
湯
光澤十足
味彩的鰻魚飯
2200日圓
小碟裡裝的是燉肉吃了應該精力充沛
關西的做法是不用先蒸就直接烤
備長炭

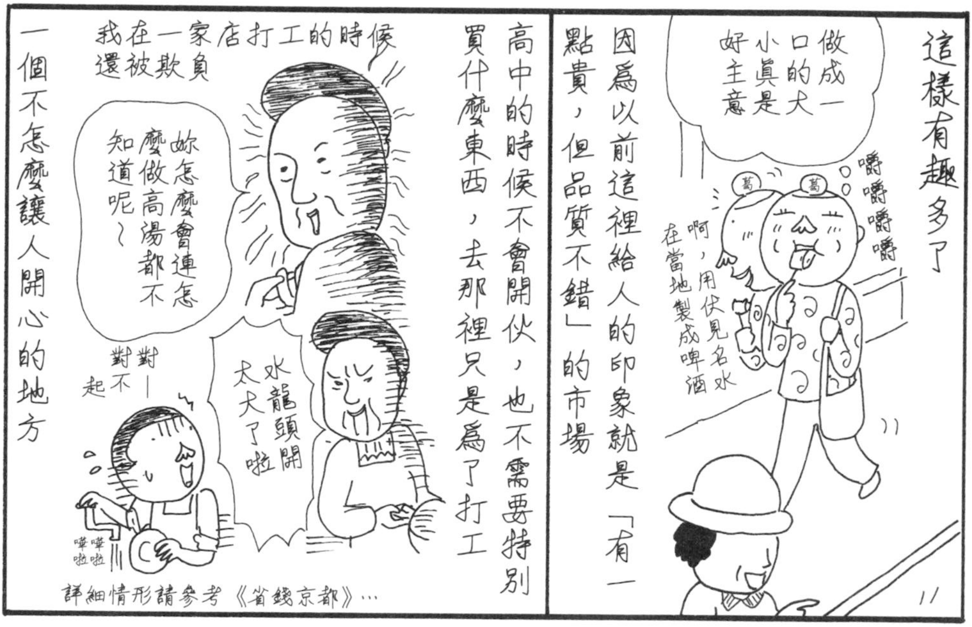

這樣有趣多了

做成一口的大小真是好主意

嚼嚼嚼嚼

啊，用伏見名水在當地製成啤酒

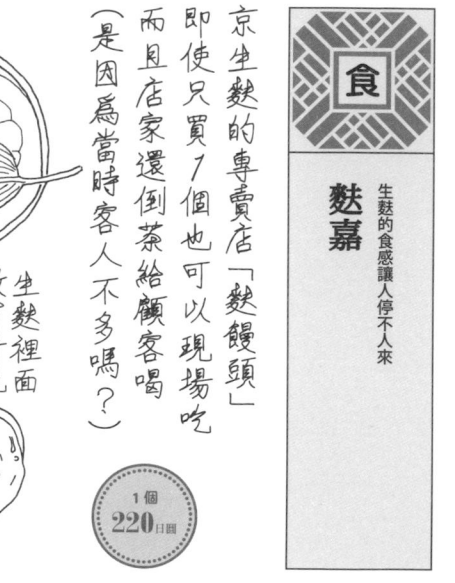

因爲以前這裡給人的印象就是「有一點貴，但品質不錯」的市場

高中的時候不會開伙，也不需要特別買什麼東西，去那裡只是爲了打工

我在一家店打工的時候還被欺負

妳怎麼會連怎麼做高湯都不知道呢～

水龍頭開太大了啦

對不起

對不

嘩啦嘩啦

一個不怎麼讓人開心的地方

詳細情形請參考《省錢京都》…

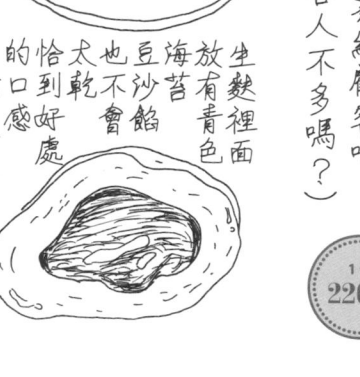

食

麩嘉

生麩的食感讓人停不人來

京生麩的專賣店「麩饅頭」即使只買1個也可以現場吃而且店家還倒茶給顧客喝（是因爲當時客人不多嗎？）

嚼嚼

真好吃～

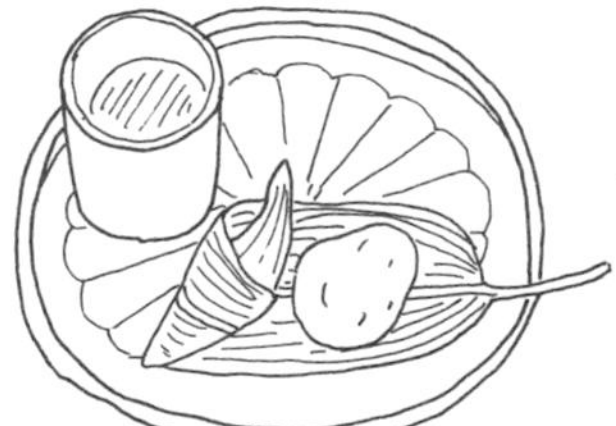

生麩裡面放有青色海苔豆沙餡也不會太乾恰到好處的口感是計算過的非常可口

1個 220日圓

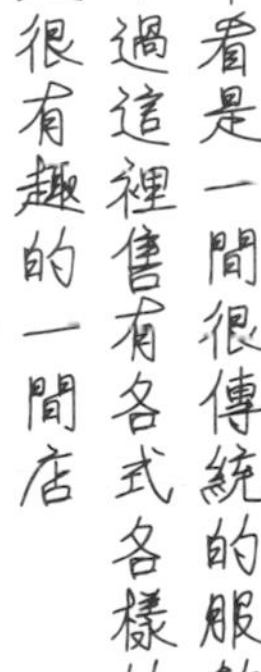

買 細川洋品店

正統手巾和抹布

250日圓~

乍看是一間很傳統的服飾用品店不過這裡售有各式各樣的手巾是很有趣的一間店

這裡有「圓點花布」等傳統的手巾，250日圓起跳還有吸水性強的棉紗手巾種類豐富

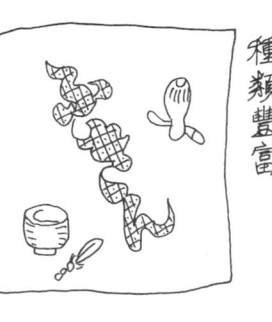

我家就用這種款式的手巾……2條250日圓

※雞肉在京都被稱為「KASHIWA」

雞肉雞肉雞肉
雞肉雞肉
鳥長的
最好吃
啊！這首歌!!
KBS京都廣播電台播這首廣告主題曲已經超過30年
鳥長原來在錦市場裡…
烤雞
適合邊走邊吃的烤雞或雞塊
長—長長
鳥鳥鳥
鳥長的廣告主題曲
聽到這個
我父親在鳥長工作
國中的同班同學
是嗎？那個
鳥長的雞肉真好吃
雞肉果然是一流的
每個京都人(年輕人例外)都會哼這首曲子，聽到之後記憶就會不自覺地回到過去

食 畑野軒老舖

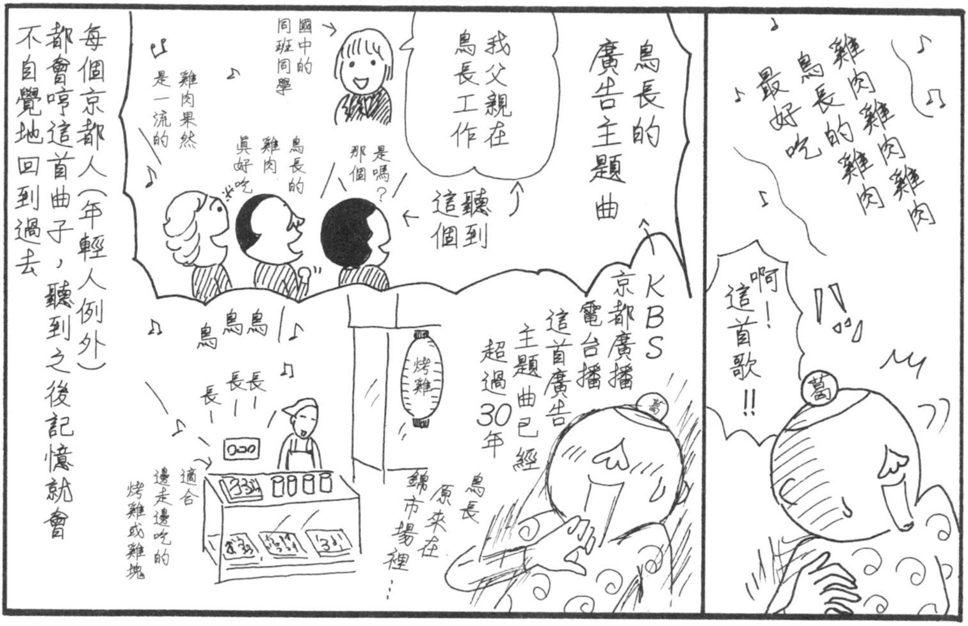

店內擺設雅緻

這家店裡的日式饅頭玩偶(伏見人形)很妙

據說有人問這個玩偶「你喜歡爸爸，還是媽媽？」結果他就把日式饅頭分成兩半

你覺得哪一半好吃？

反問問他這個問題的人。比大人還成熟的小孩……

(葛)喜歡這家店冬天賣的金橘麻糬，裡面有整顆的金橘

這是剖面圖
麻糬
道明寺粉*
豆沙餡
甜煮金橘

1個 180日圓

*道明寺粉：位於大阪的道明寺首先使用這種方式保存糯米而得名。糯米經過浸水、吸水、晾乾、蒸熟、再乾燥後，當成乾飯保存。現在則是指經過乾燥機乾燥、輾成粗顆粒的糕點原料，經常是萩餅、櫻餅的原料

錦市場的卡通人物

「小錦」

他的口頭禪就是「醬油要用薄醬油」

眼睛腫腫的→

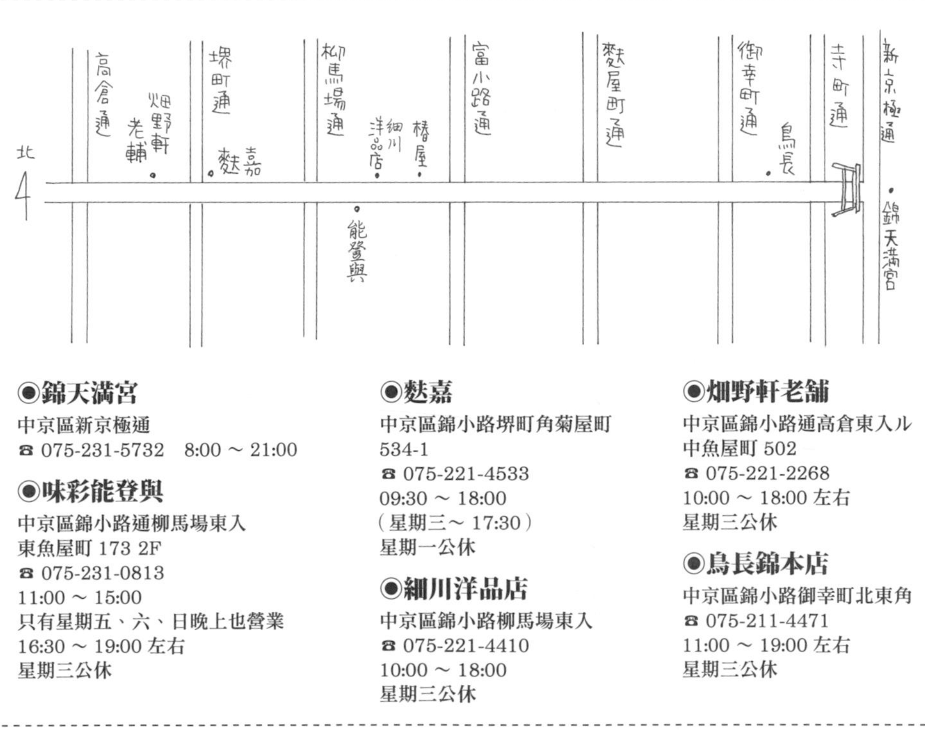

◉錦天滿宮
中京區新京極通
☎ 075-231-5732　8:00 ~ 21:00

◉味彩能登與
中京區錦小路通柳馬場東入
東魚屋町 173 2F
☎ 075-231-0813
11:00 ~ 15:00
只有星期五、六、日晚上也營業
16:30 ~ 19:00 左右
星期三公休

◉麩嘉
中京區錦小路堺町角菊屋町
534-1
☎ 075-221-4533
09:30 ~ 18:00
（星期三～ 17:30）
星期一公休

◉細川洋品店
中京區錦小路柳馬場東入
☎ 075-221-4410
10:00 ~ 18:00
星期三公休

◉畑野軒老舗
中京區錦小路通高倉東入ル
中魚屋町 502
☎ 075-221-2268
10:00 ~ 18:00 左右
星期三公休

◉鳥長錦本店
中京區錦小路御幸町北東角
☎ 075-211-4471
11:00 ~ 19:00 左右
星期三公休

和外地人一起逛京都

葛雷哥
菜青山

外地人就是非京都土生土長的人

杉山早陽子小姐
內田美奈子小姐

她們在和菓子店工作，組成名為「日菓」組合，兩人各有自己的活動，都在盡力拓展和菓子市場。
杉山小姐（左）日本三重縣出生，住在京都已邁入第七年。
內田小姐出生埼玉縣，住在京都第三年。至於她們搬到京都以後驚訝的事，
杉山小姐說：「去任何地方騎腳踏車都可以到。」
內田小姐說：「等公車時不排隊。」

這次的外地人是以「日菓」為名的和菓子製作夥伴的杉山早陽子小姐和內田美奈子小姐。她們曾經開過「羊羹雙扭展」、「饅頭五重展」等和菓子展覽，也舉辦過附贈和菓子的單口相聲會，是舉辦過特別活動的和菓子達人。

這一天我第一次見到年輕又可愛的兩人，她們完全不像是和菓子達人（總覺得這種人應該很固執，而且神經質），說她們還是大學生（美術大學類的）也不會有人懷疑，而且臉蛋和氣質像極了姐妹……。兩個人回憶第一次見面的情形，是內田去杉山工作的和菓子店內購物。當時彼此就互相記得對方的長相，

不久後內田就到那家和菓子店打工，兩人非常合得來，於是便組成團體一起行動。

這樣的兩個人帶我去的第一個地方是位於御所南的一家店。這家店的招牌寫著「〇〇堂」，可是建築物的外觀看起來不像是一家店，而像是倉庫。她們說「在二樓」，上了二樓，㊧發現這間店賣點心製作工具，還兼辦公室。不知道的人絕對不會進來。這裡擺了許多西式日式點心達人使用的專業道具。內田小姐說，今天是要來買羊羹刀的。羊、羊羹刀!?

取出已經凝固的羊羹等食物後，使用這種刀可以切得筆直

㊧從來不知道世界上還有這種刀，她們兩人則是煩惱不知該買哪一種好，同時有一個歐吉桑也熱心地向她們介紹很多種產品。這個歐吉桑正是老闆，據說她們每次來，老闆都很親切地說明各種工具。這家店的和菓子工具尤其多，有各種形狀和材質的模具。

烙印模也有大文字的五山送火和祇園祭的角板形狀，都很有京都味，老闆說，現在會用這些模具的工匠已經很少了。我問老闆說，原來這種工具也有京都風？

老闆的說明本身就太有京都風了，有時用的是京都方言，因此我聽不懂他在說什麼。我請他給我看具體的東西，他拿了一個梅花的木模給我看。

至於他提到的「光琳」，指的是生於京都江戶時代的畫家尾形光琳，他認為畫風偏柔和。不曉得(葛)這兩個朋友是不是也進入了京都風的世界…她們兩人終於選定了羊羹刀（九千八百日圓），喜悅之情全寫在臉上。

接下來我們去烏丸丸太町的〔花子〕，在這家店可以吃生菓子（保存期限較短的甜點）、喝茶。其實(葛)常在京都吃「日式饅頭」和「丸子」，可是很少在和菓子店吃生菓子，所以看到店內櫥窗裡五顏六色的生菓子，覺得非常賞心悅目。

而且每一種生菓子都有風雅的名字，例如「雪中梅」、「懸想餅」、「水仙花山丘」等。日菓指出，和菓子非常重視季節感，為和菓子命名就像吟詩作賦一樣。她們說，這家〔花子〕每兩個禮拜就推出一種當季新品，每次來都學到很多。講到和菓子，她們的眼睛彷彿散發出光芒，態度誠懇而認真。

我為了多感受她們那麼喜愛的和菓子，馬上各點不同種類的和菓子，細細品嚐，每一種味道和口感都不同。我非常驚訝和菓子有這麼多變化。就像日菓說的，如果咖啡廳的菜單上有和菓子，(葛)會毫不猶豫地點和菓子。

花子（HANOGO）TEL 075-222-0087
中京區烏丸丸太町下行大倉町206奧村大樓1樓（不定期公休）

接下來我們去的是錦市場的雜糧店〔椿家〕。這家店賣各種豆類，看起來都一樣的白粉一字排開，不曉得用在哪裡，聽說是做和菓子用的寒梅粉、上用粉、上新粉。這裡的粉類、豆類、寒天，品質都很優，她們說，這家店的老闆娘每次都會很親切地教她們這些產品的原料和如何使用這些產品。

椿家 TEL 075-221-1458（星期日公休）
中京區錦小路富小路西行

剛才那家道具店也是一樣，希望客戶用好的東西，所以自己開的店也只賣好的東西。京都正因為有這樣的優質商店，不論是京都人或外地人，和菓子達人的技術都能愈來愈高明。

日菓不但精挑細選工具和食材，還把每日看到的風景及人物與和菓子結合在一起（所以才叫「日菓」吧）。京都的和菓子也可以讓外地人這麼著迷。或許就要像日菓這種喜歡京都傳統的外地人，更能在傳統中注入新意，造就京都的新傳統。今天這場京都和菓子之旅，讓我從外地人看到了京都傳統的實力。

寺町通區

愈往北走愈古雅

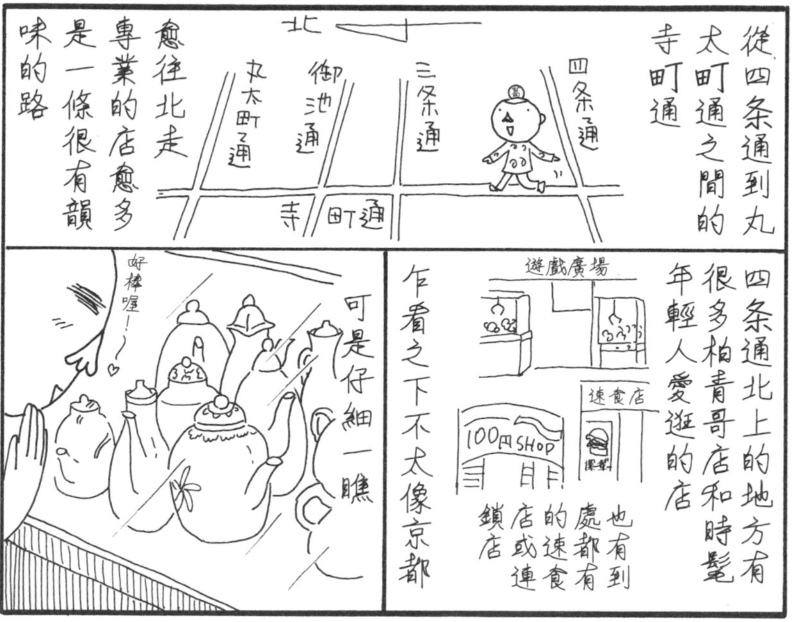

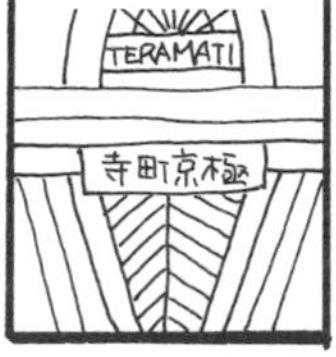

從四条通到丸太町通之間的寺町通

四条通
三条通
御池通
丸太町通
寺町通
北

愈往北走愈專業的店愈多
是一條很有韻味的路

四条通北上的地方有很多柏青哥店和時髦年輕人愛逛的店

遊戲廣場
速食店
100円SHOP

也有到處都有的速食店或連鎖店

乍看之下不太像京都

可是仔細一瞧

好棒喔！

※在京都，往北走叫做北上，往南走叫做南下

觀 本能寺

原址在油小路蛸藥師下行

「敵人在本能寺」這句話提到的本能寺，不過這不是「本能寺之變」（1582年）的原址，據說1587年因秀吉的命令而搬遷

大寶殿展示著三腳青蛙的香爐

牠在叛變前開始鳴叫

像是在告知信長情勢危險

不知叫聲如何？

這裡也賣青蛙的複製品

紙鎮兼護身符（1200日圓）

門票500日圓

也有古意盎然的店，讓㊔著迷的是蓬萊堂茶鋪的漂亮茶器

據說這裡是玄米茶的發源地

蓬萊堂茶舖

大書堂的櫥窗可以看到美麗的木版畫

古書籍版畫 大書堂

高價買入

哇!! 好美的木版繪信封

寺町通到二条通附近又逐漸有不同的風情

Wright商會

不曉得在不在？

矢田地藏尊

總覺得很親切的寺廟

門票 免費

排列整齊的紅燈籠非常美麗，這寺廟不大，不過有很多可以帶來好運的東西

地藏菩薩的肚兜用漂亮和服的布製成

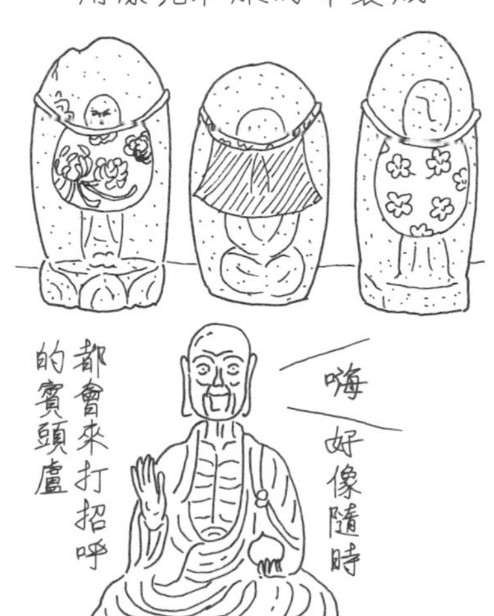

嗨

好像隨時都會來打招呼的賓頭盧

「解救繪馬」上描繪的是在地獄被大鍋煮的人們

手工做的地藏菩薩玩偶

食

怎能不吃到撐

Grill Alone

580日圓

這家西式餐廳以巨大蛋包飯聞名，我點了「極小」尺寸，總算吃到正常（？）人的量。炸雞塊和咖哩的量也很驚人

巨——大

看起來像什錦燴飯
吃不完可以打包帶走

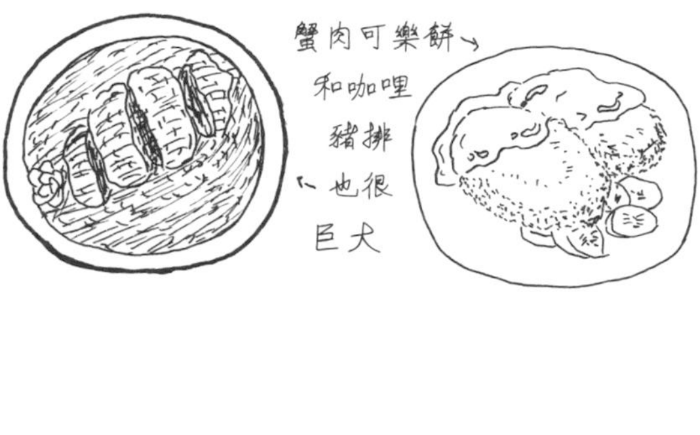

蟹肉可樂餅和咖哩豬排也很巨大

這家店似乎決心讓每位客人都一定要吃飽才能離開

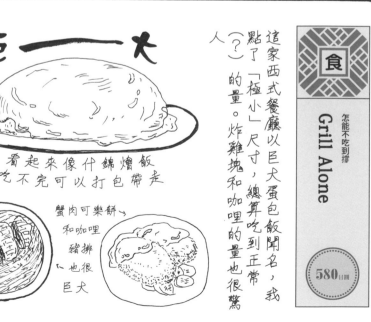

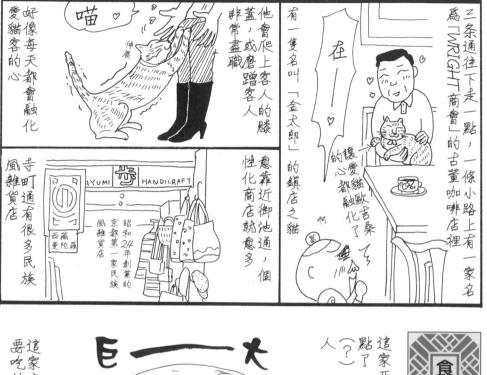

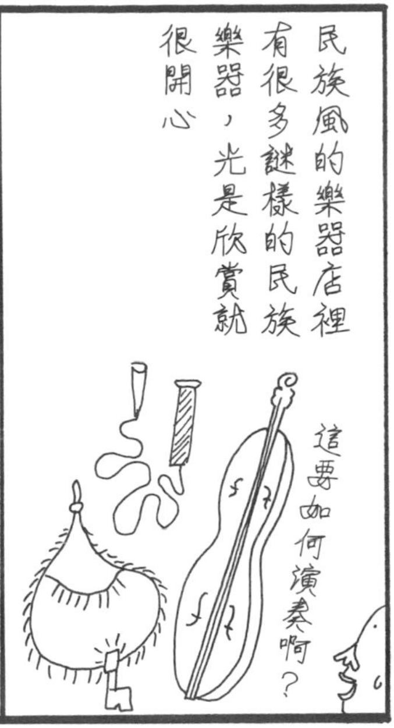

經過御池通，寺町通上有更多專業的店

民族風的樂器店裡有很多謎樣的民族樂器，光是欣賞就很開心

這要如何演奏啊？

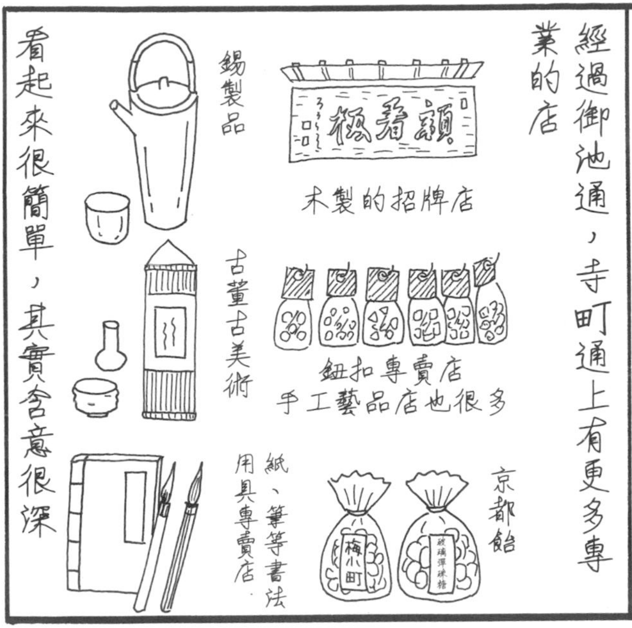

京都飴

紙、筆等書法用具專賣店

鈕扣專賣店
手工藝品店也很多

木製的招牌店

古董古美術

錫製品

看起來很簡單，其實含意很深

食 小松屋

給愛紅豆餡的你…

這裡的金鍔燒裡的紅豆餡，不論甜度、份量都恰到好處，小時候我還看不起這種「太簡單的甜點」，長大以後才懂得它的美味

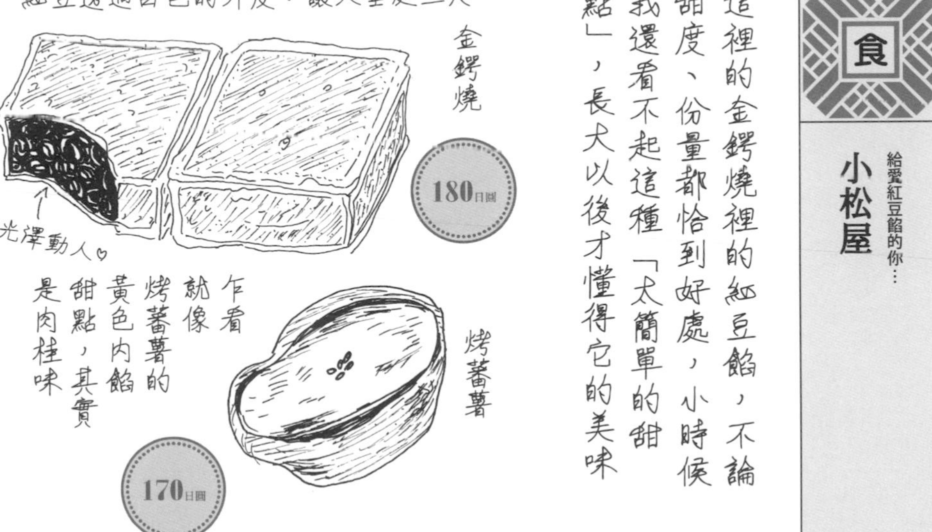
紅豆透過白色的外皮，讓人垂涎三尺
金鍔燒
180日圓
光澤動人♡
烤蕃薯
乍看就像烤蕃薯的黃色內餡甜點，其實是肉桂味
170日圓

這裡也有很多個性化的書店，讓人流連忘返

三月書房　尚学堂書店

100000t（噸）

乍看之下像是舊書店的新書店，店雖小書籍豐富程度不輸給大書店

這家真的是舊書店，店頭的均一價專櫃可能挖得到好書

在舊書店和唱片行裡的客人，不知道為什麼戴鴨舌帽的比率很高

接著，「寺廟之旅」最後，不妨在丸太町通附近泡個「錦湯」吧？

三溫暖有2種
噴霧三溫暖很舒服

嘶嘶嘶

充滿水蒸氣的三溫暖

葛 所以寺町通是在京都最愛的散步行程

買 芸艸堂

風格樸實但內容豐富的木版畫世界

日本唯一的手刷木版和裝本出版社
用江戶和明治．大正的木版畫製成明信片和便條紙
讓人愛不釋手
江戶時代的廣重和鍬形蕙齋畫的貓咪用品，讓愛貓人非常心動
廣重的貓咪明信片和資料夾
明信片
105日圓
蕙齋的便條紙
KUWAGATA KEISAI
420日圓
蕙齋的人物畫也趣味橫生
蕙齋小書「人物略畫式」

新京極一家牙醫診所

仔細看就會發現
招牌是和窗的花紋
都設計成牙齒的形狀

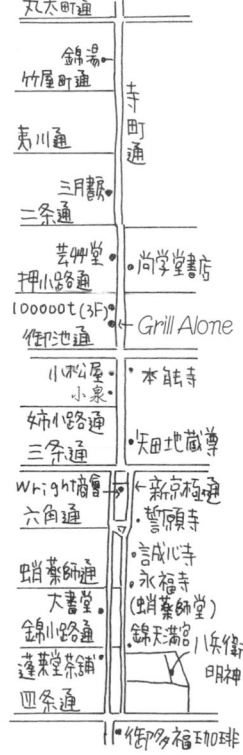

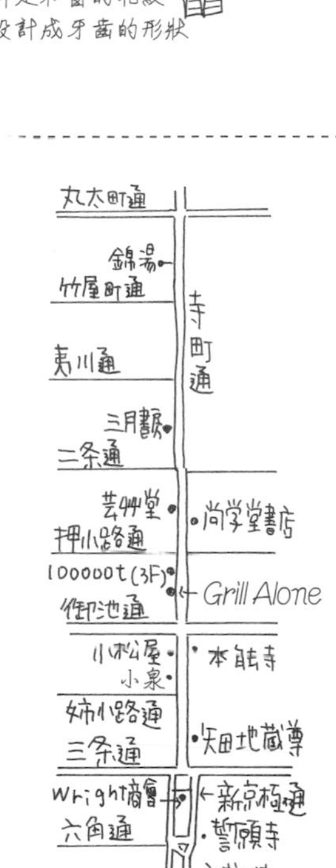

◉蓬莱堂茶舗
中京區寺町通四条上ル西側
東大文字町 295
☎ 075-221-1215
10:00 ~ 20:50
毎月 2 日・12 日・22 日休

◉大書堂
中京區寺町通錦小路上ル
☎ 075-221-0685
11:00 ~ 19:30　星期三公休

◉WRIGHT商會
中京區寺町三条下ル一筋目東入ル
☎ 075-211-6635
12:00 ~ 19:00　星期二公休

◉民族樂器小泉
京都市中京區寺町御池下ル
518 番地
☎ 075-231-3052
11:00 ~ 20:00
星期二公休（國定假日照常營業）

◉三月書房
中京區寺町通二条上ル西側
☎ 075-231-1924
平日 11:00 ~ 19:00
日祝 12:00 ~ 18:00
星期二公休

◉尚学堂書店
中京區寺町通二条下ル榎木町
99-1
☎ 075-231-2764
10:00 ~ 20:00　星期日公休

◉100000t
中京區寺町御池上ル
上本能寺前町 475
☎ 075-756-7986
12:00 ~ 20:00　無休

◉錦湯
中京區寺町通竹屋町上ル
御霊前町 647-3
☎ 075-241-1382
15:00 ~ 24:00　星期五公休

◉本能寺
中京區寺町通御池下ル下
本能寺前町 522

◉矢田地蔵尊
中京區寺町通三条上ル
☎ 075-241-3608
8:00 ~ 19:00
(六・日・國定假日 11:00 ~ 19:30)
無公休

◉Grill Alone
中京區寺町通御池上ル上
本能寺前町 485 Moris 大樓 1F
☎ 075-221-3923
8:00 ~ 19:30　星期四公休

◉小松屋
中京區寺町通御池下ル
下本能寺前町 514
☎ 075-231-7753
9:00 ~ 18:00
星期一・第三個星期二公休

◉芸艸堂
中京區寺町通二条南入
妙満寺前町 459 番地
☎ 075-231-3613
9:00 ~ 17:30
六・日・國定假日公休

◉御多福珈琲
下京區寺町四条下ル
貞安前之町 609
☎ 075-256-6788
10:00 ~ 21:30　毎月 15 日休

這次的外地人是位在寺町通四条下行〔御多福珈琲〕的老闆野田敦司先生（私底下都叫他鬢角老闆）。去過每個月十五日在知恩寺舉行手作市集的人，對他應該不陌生。

編輯部這樣跟我介紹野田先生，「他出身和歌山，是通過京都檢定二級的京都通」原來是和歌山人啊！因為（葛）幾年前也曾經住在和歌山四年左右，在店裡第一次拜訪野田先生的時候，我問他「老家在和歌山哪裡？」沒想他的老家和（葛）當時住的小鎮是一樣的。而且（葛）當時上的駕駛訓練班，其中一個老師還是野田先生的同學，讓我不自覺地用和歌山腔驚呼：這個世界真小。

野田敦司先生

〔御多福珈琲〕老闆。在百萬遍知恩寺舉行的手作市集發跡，現在每個月十五日還是會設攤，非常受歡迎。和歌山長大的野田先生剛搬到京都的時候的第一印象是，「好多教科書上的寺廟和名勝都在這裡。」

野田先生帶（葛）去的是「新京極界隈」。提到新京極，多數京都人的回憶都是上國中以後第一次不跟爸媽，而是跟朋友去逛的熱鬧地方，當時的心情很雀躍。不過年紀愈大，就會覺得這裡有好多來旅行的學生，街上賣很多土產，不再重視這裡。野田先生說，在豐臣秀吉時代，這附近是「寺町」，京都很多神社佛閣遷移到這裡。（葛）好像的確聽說過，但新京極有神社佛閣？正在回想的時候，野田先生帶我從新京極通往東的方向，去找一家食堂，而且突然說，這家食堂裡供奉著謎樣的六兵衛神像，另外新京極通的錦天滿宮也有七兵衛，附近的柳小路則安置著八兵衛，但是這六、七、八兵衛神像的由來無從得知，大家只是很虔誠地祭拜著。嗯。大街上供奉著謎樣的神像，真的很像京都會發生的事。

我們到了柳小路，看到八兵衛，祂在小型紅色鳥居的小廟裡。野田先生說既然來了，我們就拜一下吧。背脊打直，九十度彎腰拜兩次，拍兩次

手，最後再九十度彎腰拜一次。像在示範拜拜一樣，兩拜兩拍手一拜之後，他突然容光煥發，讓我不禁想問他，莫非你就是八兵衛嗎!?野田先生，你究竟是何方神聖啊!?不過㊔抑制住自己想問這些問題的衝動，和他一起走在新京極通上，往北走一直到三条通，之後又走寺町通，一直到御池通，一路上都是神社佛閣。我走過這些路很多次，從來沒注意到這個現象。

新京極通的錦小路盡頭就是「錦天滿宮」，這裡有名為「錦社御神水」的名水，蛸藥師通的盡頭則是被稱為「蛸藥師」的永福寺，而且這裡真的有「賓頭盧蛸」，左手摸這隻章魚之神的話，病就會痊癒，而且還有畫上章魚的繪馬（應該是繪章魚？）

再往北邊走，會看到誠心院，這裡有平安女流歌人和泉式部之墓；六角通的盡頭則是祭拜單口相聲之祖——策傳上人的誓願寺，藝人和寶塚的練習生都會來這裡許願，所以有很多扇形的繪馬上寫著「希望單口相聲講得更好」、「希望有帶狀節目」、「希望舞跳得更好」。

順著寺町通三条往上走的矢田地藏尊，裡面有可以護送死者亡靈的「送鐘」而聞名，這座廟占地不大，卻掛了許多紅燈籠，別有一番風情。而在寺町通御池上則有本能寺（據說並不是本能寺之變的本能寺原址），只走八百公尺，真的就有許多間不同的神社佛閣。

野田先生對每一間寺廟的由來都很清楚，㊔問他為什麼這麼熟悉？他回答：「很多觀光客會來我店裡，他們問我哪裡是名勝古蹟時，我都要答得出來。而且我的店開在這附近，當然也要先認識這裡的歷史。」這個理由的確很合理。

突然想到野田先生那個漂亮的二拜二拍手一拜的樣子。當時㊔問野田先生，你祈求的是什麼事？他說與其說是許願，他拜拜的目的是在神佛面前讓自己的心平靜下來，整理自己的心情。嗯，難怪那時候他看起來容光煥發。

之後我們回到〔御多福珈琲〕喝咖啡，在吧台沖咖啡的野田先生動作流暢，如行雲流水般，跟之前的二拜二拍手一拜的動作一樣。如同野田先生拜拜那時一樣，咖啡豆的心也靜下來了，心情也整理好了。咖啡豆想必也是在最佳狀況下，從濾紙中透出，才會這樣香氣四溢。這次和野田先生的新京極散步之旅，㊔了解了〔御多福珈琲〕在手作市集大排長龍的原因。

區域6

三条會商店街區

低調的人氣商店街

商店街的蝴蝶結印章

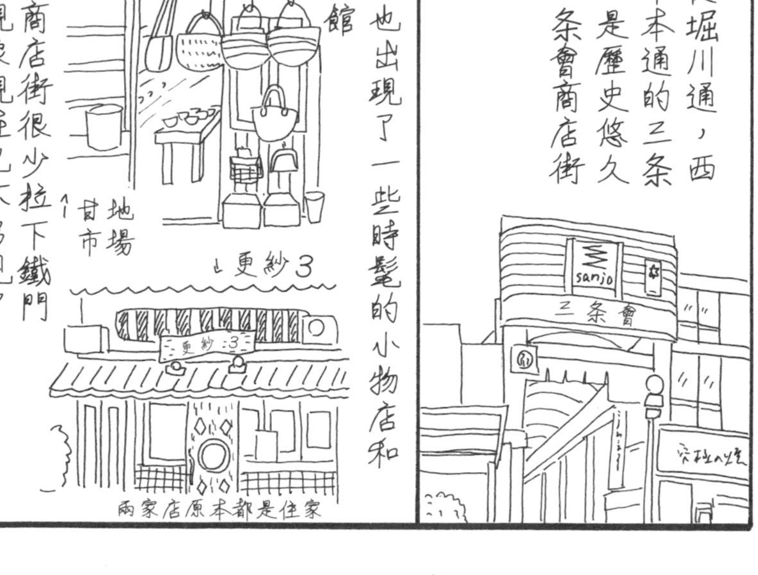

最近也出現了一些時髦的小物店和咖啡館

這條商店街很少拉下鐵門這種現象現在已不多見了

兩家店原本都是住家

武信稻荷神社

和龍馬有緣分的稻荷神社

據說坂本龍馬為了對戀人阿涼報平安，在高大的朴樹上了「龍」字
城市裡竟然有樹齡850年的樹讓人十分驚訝
傍晚來這裡會覺得好像看到狐狸像充滿神秘感

其實三条會商店街是距離㊧家第2近的商店街，是我從小就嚮往的商店街

因為—

騎單車來個小冒險

哇

比起附近的商店街這裡的騎樓挑高更高，商店也更多

還有大型百貨公司西友百貨

SEIYU

比立達超市還大

這是附近的一家超市

而且—

你知道嗎？

食

珈琲工房寺町

很少有商店可以讓人這麼放鬆

乍看之下，像是賣咖啡豆的店（事實上也是），其實是民宅改建的咖啡館，這裡真的能讓人很放鬆

寬敞的單人沙發

呼~

咖啡也又香又可口

400日圓~

這裡有一種叫做魔幻杏仁牛奶凍的甜點
有淡淡的咖啡香
既不是芭芭露也不是布丁
滋味讓人一吃上癮

300日圓~

三条會商店街有賣綠色的霜淇淋

什麼？聽起來很噁

這裡有賣附近商店街沒有的東西

霜淇淋裡面有抹茶

吃起來不會很苦嗎？

切茶処

焙茶

抹茶霜淇淋現在已經不稀奇了，不過在昭和30年，京都第一家賣抹茶口味霜淇淋的商店

是三条會商店街的矢野自作園

據說日本第一家抹茶霜淇淋出自和歌山的茶行

E-TOP

食

一直想吃的印度菜

拉托那珈琲館

在距離三条會商店街稍遠的地方有一家民宅裝修成的印度餐廳兼具京都和印度風情

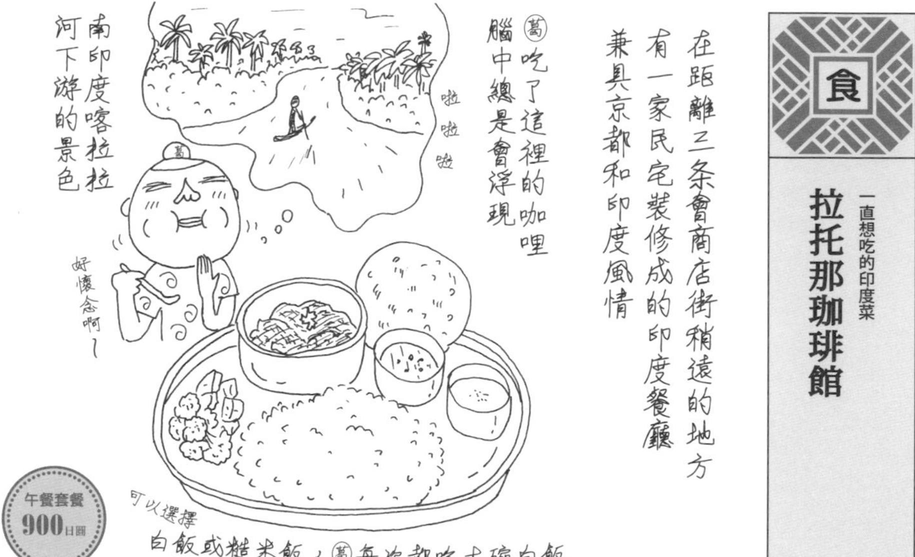

葛吃了這裡的咖哩腦中總是會浮現南印度喀拉拉河下游的景色
啦啦啦
葛
好懷念啊～
午餐套餐
900日圓
可以選擇白飯或糙米飯，葛每次都吃大碗白飯

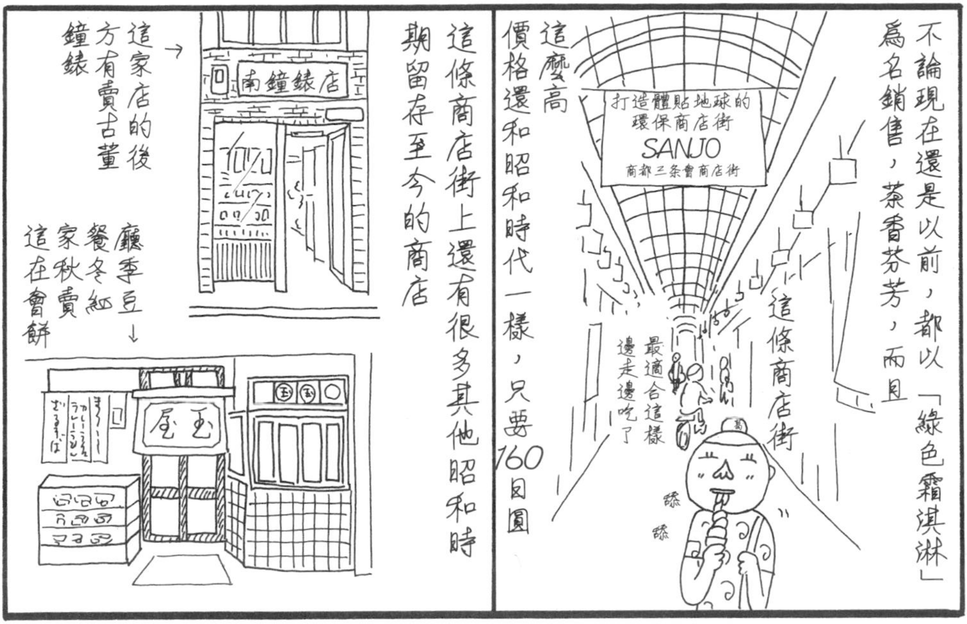

不論現在還是以前，都以「綠色霜淇淋」為名銷售，茶香芬芳，而且

打造體貼地球的環保商店街
SANJO
商都三条會商店街

這條商店街

最適合這樣邊走邊吃了

蹓蹓

這麼高價格還和昭和時代一樣，只要160日圓

這條商店街上還有很多其他昭和時期留存至今的商店

這家店的後方有賣古董鐘錶

南鐘錶店

這家餐廳在秋冬季會賣紅豆餅

玉屋

食

Pan Scape

愈嚼愈能發現小麥香

這裡的麵包似乎用每天早上自己用石臼磨的全麥麵粉，每一個麵包都吃得到小麥粉的美味

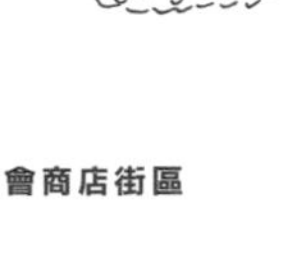

160日圓

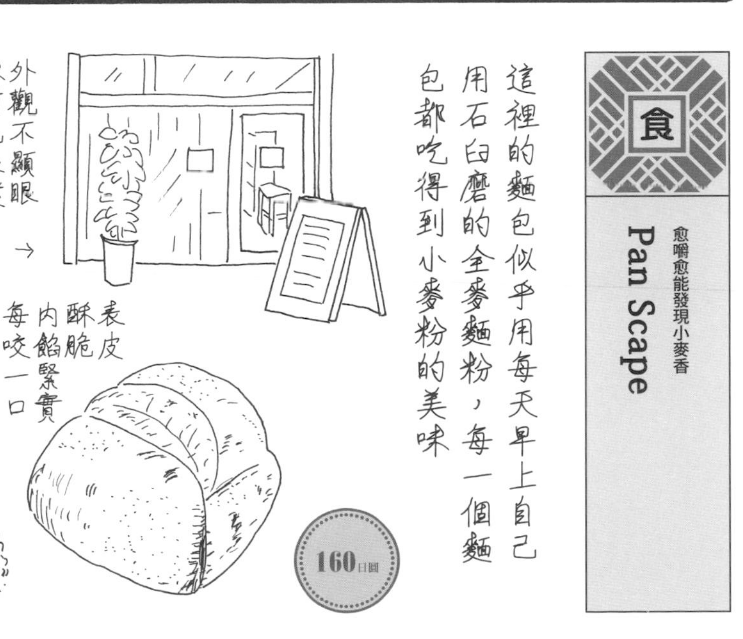

外觀不顯眼
味道也很樸實，各位不要錯過
表皮酥脆
內餡緊實
每咬一口就會嚐到小麥的滋味
菠羅麵包之類的甜麵包也讓人覺得有成熟的風味

這裡不只有從昭和時代開始營業的店，早在明治或江戶時代就創業的商店也不在少數
杉市外賣店
成立於江戶時代末期
杉市外賣店
「二條若狹屋」以白味噌餡的稚兒餅著稱
也可以在店內享用
咖啡
稚兒餅套餐500日圓
明治26年創業
認為新舊商店並存的三条商店街現在是京都最有趣的商店街
Sanju
單車很多，請大家走路時多小心

買

PAO LIFE

像玩具盒一樣充滿奧秘的店

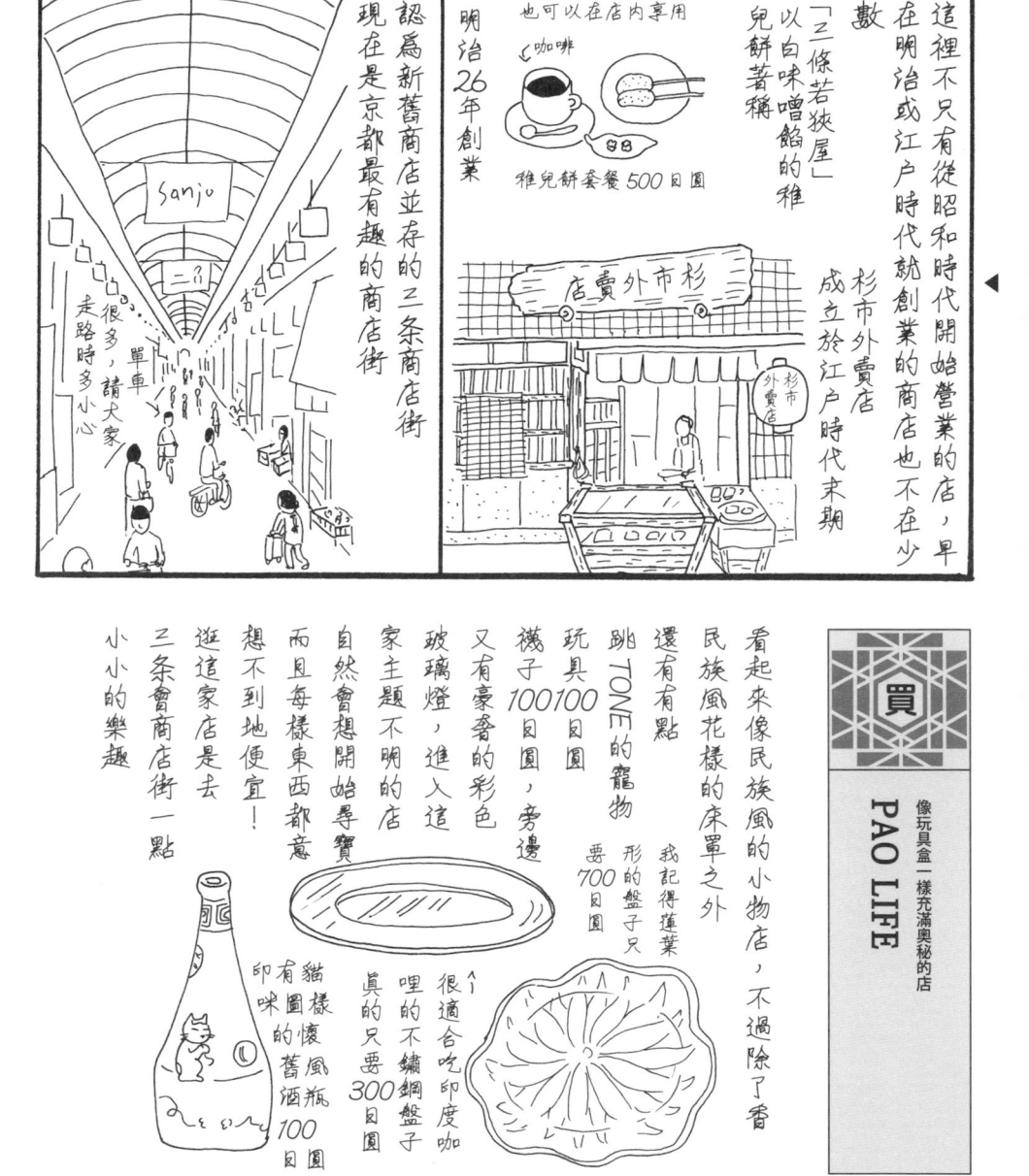

看起來像民族風的小物店，不過除了香民族風花樣的床罩之外還有有點跳TONE的寵物玩具100日圓襪子100日圓，旁邊又有豪奢的彩色玻璃燈，進入這家主題不明的店自然會想開始尋寶而且每樣東西都意想不到地便宜！逛這家店是去三条商店街一點小小的樂趣

我記得蓮葉形的盤子只要700日圓

很適合吃印度咖哩的不鏽鋼盤子真的只要300日圓

印有貓咪圖樣的懷舊風酒瓶100日圓

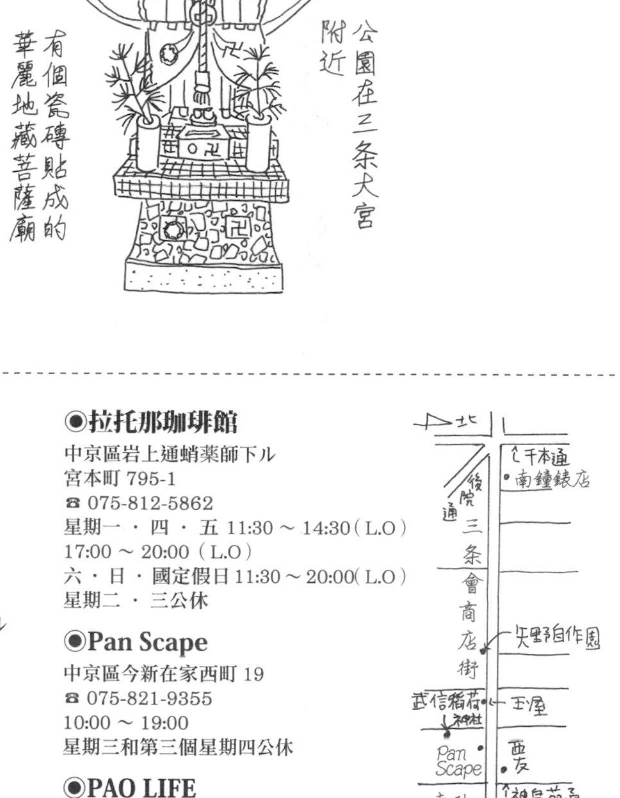

◉**矢野自作園**
中京區壬生馬場町 10
☎ 075-811-1133
星期一～六 9:00 ～ 18:30
星期日 10:00 ～ 18:30
不定期公休

◉**武信稲荷神社**
中京區三条通大宮西二筋目下ル
今新在家西町 38
☎ 075-841-3023

◉**珈琲工房寺町**
中京區三条通大宮西入ル
上瓦町 64-24
☎ 075-821-6323
星期一～五 9:00 ～ 20:30
國定假日和例假日 8:00 ～ 20:00
第三個星期五公休

◉**拉托那珈琲館**
中京區岩上通蛸薬師下ル
宮本町 795-1
☎ 075-812-5862
星期一・四・五 11:30 ～ 14:30（L.O）
17:00 ～ 20:00（L.O）
六・日・國定假日 11:30 ～ 20:00（L.O）
星期二・三公休

◉**Pan Scape**
中京區今新在家西町 19
☎ 075-821-9355
10:00 ～ 19:00
星期三和第三個星期四公休

◉**PAO LIFE**
中京區三条通猪熊西入ル
御供町 309-102
☎ 075-822-3750
10:00 ～ 20:00　無休

和外地人一起逛京都

葛蕾哥
菜青山

這次的外地人

渕上純子小姐

她是只有主唱和貝斯手組成的樂團「淵上與船戶」裡的主唱。這個樂團擅長的曲風像爵士，像昭和歌謠，像香頌，不拘泥於風格和國籍，經常在Live House和酒館現場演唱。專輯《ミミ的華爾滋》非常有名。在大阪．高槻出生長大的渕上小姐剛搬到京都時，印象最深刻的是「在十字路口等過馬路，就算變綠燈也不會有人暴衝」。

這次的外地人是歌手渕上純子小姐。她是怎樣的歌手呢？如果你到位於右京區西院、創立於昭和二十三年的大阪燒店（但不知為什麼也兼賣水煮蛋和烤蕃薯）前面，會覺得很感動——這樣說明可能還是沒辦法解答很多人的疑惑，其實常在京都聽現場演唱的人，沒有人不知道獨立樂團「淵上與船戶」，而她就是主唱。

雖說是樂團，其實組成成員很簡單，只有渕上的主唱（有時會使用口風琴之類的樂器）和船戶博史的貝斯手。聽了渕上小姐沙啞嗓音特有的韻味，就好像在夕陽西下的巷弄間，突然聞到鄰家傳來的咖哩香味般，讓人覺得懷念之外，又浮上一絲苦悶。創造出這種音樂的人，在京都如何生活？於是請渕上小姐帶我們到她住的西院附近逛逛。

當天我們約在阪急西院站前，看到她悠悠地飄過來。㊔不是指她突然浮現出來，但是住在西院附近的朋友（渕上小姐的粉絲）遇到過她兩次，叫她的名字，她好像怕被人發現似地，只是「茫然地看著遠方往前走」，讓人覺得她似乎不食人間煙火。

其實渕上小姐出生在京都伏見，在大阪長大，二十年前從非洲旅行回來以後就住在京都，一開始住在京都大學附近，八年前搬到租金便宜的西院。

她搬到文中一開始提到的大阪燒店〔野口商店〕附近。這是我第一次和渕上小姐長時間相處，不過一邊喝啤酒，一邊吃豬肉和炒麵大阪燒（大），同時一邊閒聊，發現我們一見如故，好像很久以前就認識她和這家店。不知不覺就過了兩小時，不知道是不是時空也被她的飄飄然氣質扭轉了？出了店家，她說：「我去曬個衣服，請妳在那家咖啡館等我一下。」那是一家昭和三十年代創立的咖啡館，可是並沒有老朽的痕跡，而且熟客看起來很多，很有活力，時空再次被扭轉，好像回到昭和時代的全盛時期（為不想破壞熟客的休憩心情，這家店名保密）。

曬完衣服的渕上小姐借一輛單車（船戶先生的），說：「我們騎車去逛吧！」她先帶去好吃的蛋糕店〔菓子職人〕和店名有點跳TONE的廉價和服店〔Talent〕。渕上小姐發現這兩家店的時候，心想

渕上小姐的思考方式好像也有點跳TONE。可是住在西院的壞處是，綠意很少。她思念綠意時，就會一個人去井御兒童公園發呆。

接下來她說：「現在去我朋友開的一家兼賣舊衣的咖啡廳吧，只是有一點遠。」我們去的是位在壬生川通松原上行的〔櫻公司〕，這家店其實離㊔的老家還算近，東西便宜又時髦，我有時候也會來挖寶。正當我覺得京都真小的時候，趁準備晚飯前的空檔在吧台喝一杯的歐巴桑說：「在這個學區，不能自己在晚餐前喝一杯。」因為如果被認識的人看到，這個消息被傳開，就會「被附近的人用異樣的眼光看待」，京都人很怕這種事發生。渕上小姐長年住在京都，問她有沒有被京都人用異樣的眼光看過？她說：「嗯，沒有吧！」不過㊔想應該是渕上小姐身上有飄飄然的氣場，能自動過濾京都人的異樣眼光。

櫻公司
中京區壬生川通松原上行 Tel 075-801-4119 星期一公休
星期二～五 12：00～8：00PM 國定假日和例假日 10：00～8：00PM

之後我們回到西院，到她「現場演唱結束後常來、營業到很晚的一家店」。比起任何新式咖啡館，或現在流行的立食屋，這家〔餃子的王將 西院店〕在京都的人氣絕對第一名。〔王將〕的發源地其實是京都，它的餃子是京都人的精神糧食。把這樣的〔王將〕融入日常生活的渕上小姐，可以說是完全融入京都的外地人了。

看著渕上小姐大口吃著餃子的滿足表情，我不禁想著讓她扭轉時空，過濾京都人的異樣眼光，而且深入京都人飲食核心的飄飄然氣場，不但表現在音樂創作上，更是在日常生活中發揮得淋漓盡致。

區域7

嵐山・龜岡區

龜岡之謎的「H商店街」是？

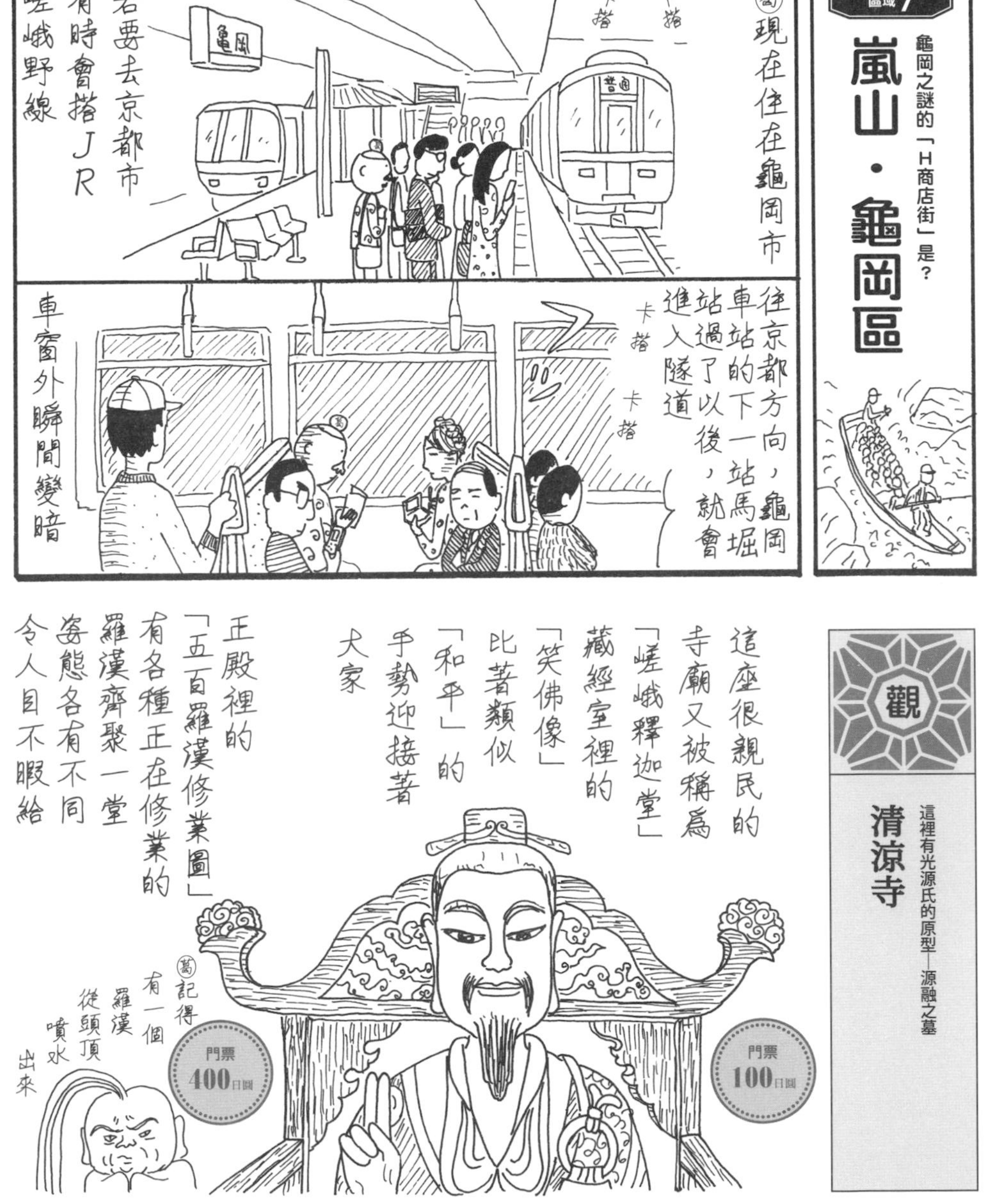

葛 現在住在龜岡市
卡搭
卡搭
若要去京都市
有時會搭JR
嵯峨野線
龜岡
往京都方向，龜岡
車站的下一站馬堀
站過了以後，就會
進入隧道
卡搭
卡搭
車窗外瞬間變暗
觀
清涼寺
這裡有光源氏的原型—源融之墓
這座很親民的
寺廟又被稱為
「嵯峨釋迦堂」
藏經室裡的
「笑佛像」
比著類似
「和平」的
手勢迎接著
大家
正殿裡的
「五百羅漢修業圖」
有各種正在修業的
羅漢齊聚一堂
姿態各有不同
令人目不暇給
門票 100日圓
門票 400日圓
葛 記得
有一個
羅漢
從頭頂
噴水
出來

出了隧道

啪

就會出現保津峽的絕妙景色

然後瞬間又進入下一個隧道

咻

美景就這樣好幾次出現又消失

啪

每次嵯峨線的乘客

觀

愛宕街道

農家和商家風情共存的山村

從清涼寺到愛宕神社「一之鳥居」的街道上，愈往北走愈可以看到老式民宅的街景……是一個非常清幽的山村

8月24日左右，這條街會舉行「愛宕古道街道燈節」整條街都會點上燈

純觀賞 免費

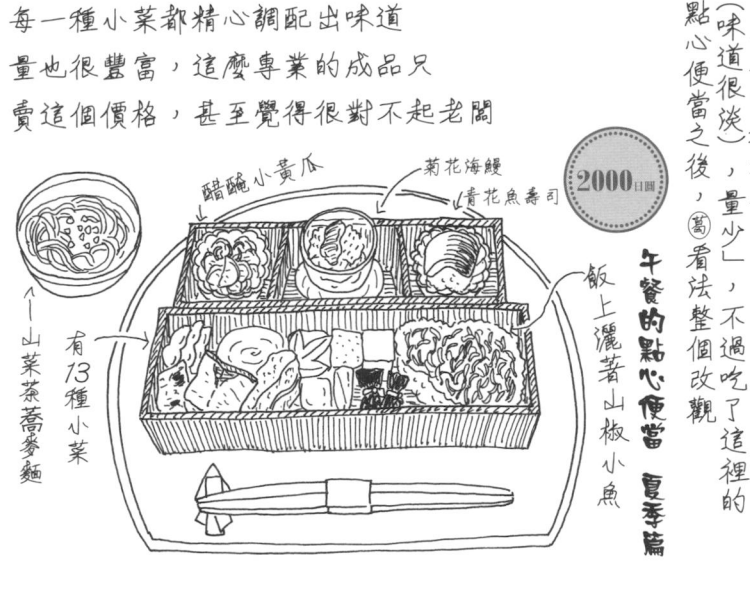

都沒什麼感覺，只是平靜地坐著

嵯峨野線可是可以
在途中看到絕妙美景的通勤電車

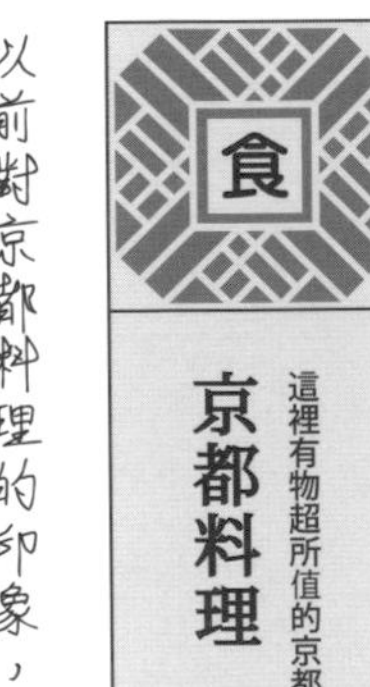

京都料理　味生

這裡有物超所值的京都料理

以前對京都料理的印象，就是「很稀（味道很淡），量少」，不過吃了這裡的點心便當之後，葛看法整個改觀

每一種小菜都精心調配出味道
量也很豐富，這麼專業的成品只
賣這個價格，甚至覺得很對不起老闆

午餐的點心便當　夏季篇

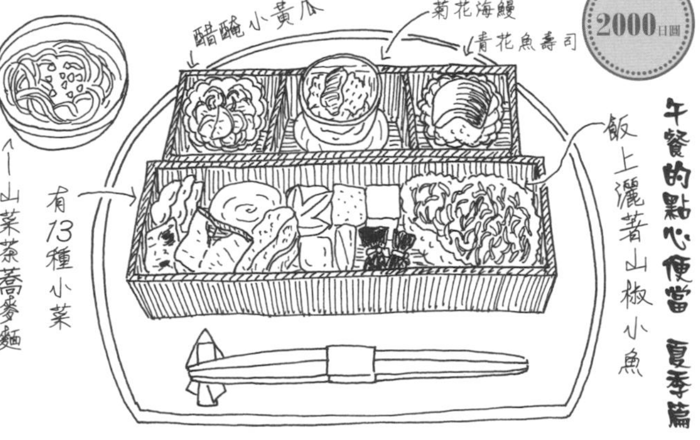

車內乘客習慣了美麗的景色，變得麻木
啪
例如JR的員工→
只覺得像是到了一定時間就會播放電影的放映機
可是——
吱吱吱
吱吱吱
吱吱吱
花3900日圓

食

米滿軒
迷人的白櫻餅

一整年都製作櫻餅的日式饅頭店
這裡的櫻餅不是粉紅色而是白色
有2片葉子
葉片上的鹽和道明寺粉的顆粒和裡面的豆沙餡綿密的口感非常調和齒頰留香

夏季限定「葛櫻」
清爽可口入口即化
商店貼心準備了長椅
嗯～♡
嚼嚼

1個 140日圓

1個 140日圓

卡搭 卡搭
那是JR的鐵橋—
往保津川下游的船
吱吱吱
啊！原來那是我每次都經過的那座橋—
從這裡看過去，電車那頭反而像是一種假象
確認絕美景色是否眞的存在，其實很容易
食
平野屋
古代茶店溫暖人心
「一之鳥居」隔壁是400年（！）前就開始營業的「茅草屋頂茶店」
像畫裡才會出現的古代茶店
平野屋
淡茶（抹茶）和麻糬套餐←
840日圓
淋上黃豆粉和黑砂糖的麻糬配上淡茶放入有醃櫻花的茶天然的美味口感很容易被疲累的身體吸收

◉清涼寺

右京區嵯峨釈迦堂藤ノ木町 46
☎ 075-861-0343
9:00 ~ 16:00　無休

◉米滿軒

右京區嵯峨釈迦堂大門町 28
☎ 075-861-0803
9:00 ~ 18:00　星期四公休

◉京料料理　味生

右京區嵯峨釈迦堂門前裏柳町 7
☎ 075-881-0240
11:30 ~ 14:00
17:00 ~ 21:00
星期三・第二個星期二公休

◉平野屋

右京區嵯峨鳥居本仙翁町 16
☎ 075-861-0359
11:30 ~ 21:00　無休

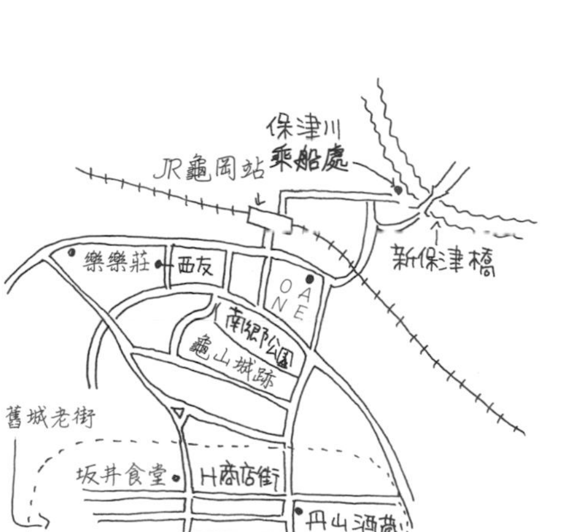

◉保津川乘船處

亀岡市保津町下中島 2
☎ 0771-22-5846

◉樂樂莊

亀岡市北町 44
☎ 0771-22-0808

◉丹山酒造

亀岡市横町 7
☎ 0771-22-0066
09:00 ~ 18:00　無休

◉龜山城

亀岡市荒塚町内丸 1
☎ 0771-22-5561
9:00 ~ 16:00　無休

和這次的外地人一起去逛的地方是龜岡市。咦？龜岡和京都不同吧？京都人可能覺得不在京都市內就不算是京都，㊔其實年輕時住在京都市內，也覺得龜岡很遠，從京都坐電車要兩個小時才會到。

不過幾年前我為了找房子去龜岡時，才知道其實從京都車站坐快速電車，只要二十分鐘就到了，比我想像中的近。現在㊔已經是住在龜岡五年的內行人了。

儘管如此，㊔其實很少好好在龜岡觀光，這次拜託住在龜岡將近三十年、兵庫縣出生的茨木澄子小姐，帶我來一趟龜岡發現之旅。茨木小姐在龜岡車站觀光諮詢中心工作，非常熟悉如何前往龜岡任何一個觀光景點。從事這份工作

茨木澄子小姐

龜岡市觀光協會職員，凡是觀光名勝的交通、活動、慶典等，問她就對了。遇到外國觀光客，她有可以用最簡單的英文回答所有問題的能力。兵庫縣三田市出生的茨木小姐剛搬到龜岡時，第一印象就是「活動和規矩怎麼這麼多！」

已經十五年的她，動作熟練、俐落，完全是位專家。

說到龜岡觀光，保津川下游、小火車、湯花溫泉都很有名。前兩個地點都是從龜岡出發，出發之後會遠離龜岡；如果想泡湯，可以直接去泡溫泉，所以這次㊔決定請茨木小姐帶我們逛龜岡人也不太清楚的龜岡車站附近的觀光景點。

首先沿著車站前的路直走到南鄉公園，

這條路茨木小姐和㊔都不曉得經過多少次了，走到都煩了。可是我們都是坐車或騎單車，龜岡和其他的鄉下城市一樣，大家都習慣開車代步，很少有人走路。所以我們發現，走路時的風景和平常看慣的街景好像不太一樣，走在明明熟悉卻又很陌生的街上，感覺很奇妙。

讓㊔這種感覺更強烈的是過去明智光秀所住的龜山城。這座城現在屬於宗教法人・大本教所有，不過就算不是信徒也可以參拜。㊔第一次仔細地參觀內部，大殿和重建的石牆都整理得很好。

其中還有種植了以日本野生植物為主的「花明山植物園」，裡面有很多珍貴的山野草，這些羊齒好漂亮…啊，掌葉破傘菊（菊科），真希望我家院子裡也有…㊔其實很喜歡拈花惹草，所以這裡讓我很HIGH，正覺得好像到很遠的地方去旅行時，

看得到我經常光顧的超市，觀光景點和日常空間神奇地融合在一起，感覺很微妙。順便一提，龜山城有大本教的販賣窗

口，除了書籍、祭器外，還有手巾、筷子、飯勺等大本教的用品。

出了龜山城，往南方走一下，㊔就抵達剛到龜岡讓㊔最吃驚的商店街。它的名字也…

名字叫H*商店街，不表示這裡賣的都是色色的用品，晚上也不會禁止未滿18歲的青少年出入。為什麼這麼健康的商店街被叫作H商店街呢？為了解謎，我們找到H商店街加盟店〈坂井食堂〉。茨木小姐之前在公家機關上班，她說當時很期待叫〈坂井食堂〉外送他們的招牌蛋包飯。吃過就知道，絕妙的懷念滋味會讓人一吃上癮。

至於H商店街的由來，問了老闆，謎題終於解開了。原來是這麼簡單的理由！

沒想到一九五三年H商店街這個名稱就出現了，當時使用英文字母取名很時髦，曾幾何時，H變成「色狼」的代名詞，這個街名嚇壞了所有造訪的遊客。

不過現在到處都有加盟店，已經不是H形狀了。這個〈坂井食堂〉附近原本是城下町，也就是諸侯居城發展的城鎮，因此有許多町屋，如果在京都市內或奈良一定會被改建成時尚咖啡館或商店。推薦給喜歡老建築物的人，不妨來這裡看看。只是最近有很多町屋使用了新建材，改建成新住宅，變得沒有特色了。

愛之深責之切的茨木小姐。不過這附近也有一些善用舊建物的知名景點，例如可以一邊眺望明治洋館和日本庭園，一邊在庭園咖啡館（有時間限定）喝茶的〈樂樂莊〉，還有參觀酒廠還能試喝的〈丹山酒藏〉，另外還有很多小而美的寺廟。龜岡實在很有發揮觀光的潛力…如果能進一步發揮這種特長，觀光客應該會越來越多。㊔說，龜岡如果還有強而有力的名產，以及紀念品店就好了

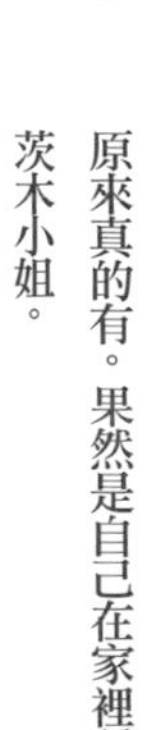

原來真的有。果然是自己在家裡種菜的茨木小姐。

到龜岡來的人，請務必到AEON、西友、松本，哪裡都好，一定要到龜岡超市的特產專區看一看。那裡有新鮮又優質的京野菜等著你。

茨木小姐在自己家裡種蔬菜，嫁到龜岡來的時候，不太習慣這裡冬天冷而多霧、早晚溫差大的氣候，但是她在種菜的過程中才深刻了解，這種嚴苛氣候反而讓蔬菜更甘甜。茨木小姐和㊔住在龜岡，都對龜岡的蔬菜信心十足，是值得推薦當伴手禮的特產。本來要當觀光客的㊔，馬上又變回龜岡居民，真是奇妙的龜岡1日遊。

＊日文H是色色的意思

區域8

太秦區

最容易看到藝人出沒（應該是吧）

京都以前被稱爲日本的好萊塢

是拍片很多的電影城

電影全盛時期已經是很久以前的事了

不過現在還是以京都爲舞臺的電影和電視劇作品

啊，那不是松方弘樹嗎

想京都人遇到藝人的機率比日本其他任何縣市都高

食 美濃屋

讓大明星也能滿足口腹之欲的大眾食堂

日本電影相關人士常會在大映通商店街的食堂出沒

運氣好的話，就能在這裡遇到明星

據說已故演員藤田誠以前是這裡的常客

這裡還有隱藏版菜單「藤田特餐」

這個雙倍碳水化合物的組合

不論關西或非關西人都值得一試

以前去嵐山的時候，㊢看到田村正和及田中美佐子正在拍片

那是我看過第2有名的明星

第1名是巨人馬場

我弟弟說，他在附近的健身房前正好看到一個人下車

關上

閃亮

發光

咦？東山紀之!?

像在作夢—

哇！整個人都在發光

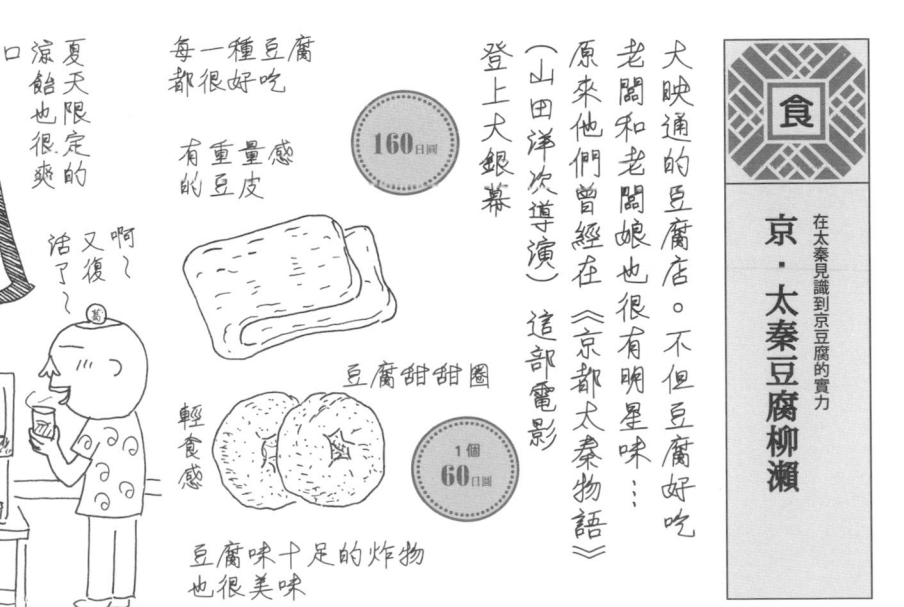

京・太秦豆腐柳瀨

在太秦見識到京豆腐的實力

大映通的豆腐店。不但豆腐好吃老闆和老闆娘也很有明星味……原來他們曾經在《京都太秦物語》（山田洋次導演）這部電影登上大銀幕

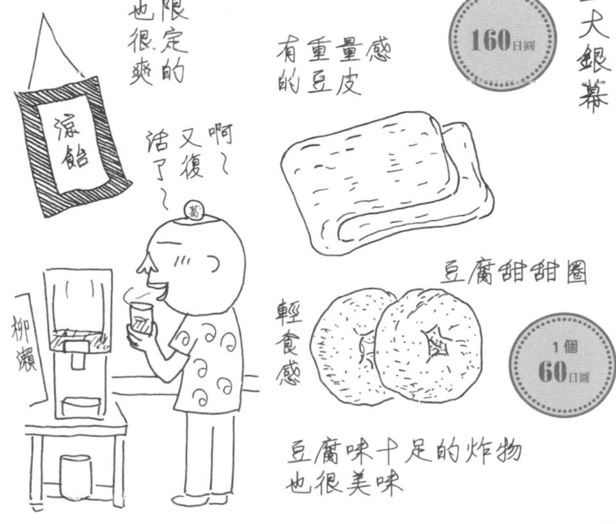

以前葛帶婆婆（住在群馬縣）在京都觀光的時候
在映畫村
參觀記念
高橋元太郎
尚美，那是八兵衛吔
葛的本名
在廣隆寺—
電視拍攝現場
尚美，那是西亞瑪莉
—目擊了很多藝人
在京都看到藝人其實不太稀奇
京都真的很棒—
呵呵……
也還好啦……
不自覺就驕傲起來的京都人

觀

廣隆寺

嵐電通過山門前，形成一幅畫

片廠附近的最古老的寺廟
也常成為電影和電視的取景地點
這裡供奉著知名的彌勒菩薩半跏思惟像

啊…好像直視著我…
← 超有想像力類型的人

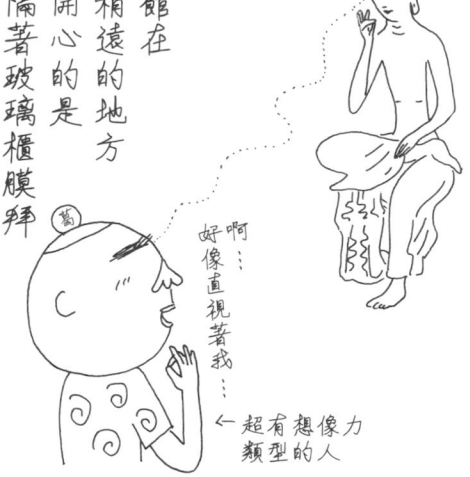

靈寶館在
距離稍遠的地方
令人開心的是
不必隔著玻璃櫃膜拜
另外還有聖德太子像和
很有迫力的千手觀音像等

靈寶館門票 700日圓

在JR太秦站
附近找到的
可愛的
雙胞胎
地藏菩薩

◉東映太秦映畫村

右京區太秦東蜂岡町 10　☎ 075-864-7716
1 月 1 日～ 2 月 28 日 9:30 ～ 16:00
3 月 1 日～ 11 月 30 日 9:00 ～ 17:00
※3 月 15 日～ 9 月 15 日的六・日・國定假日
9:00 ～ 18:00
4 月 29 日～ 5 月 5 日 8:30 ～ 18:00
12 月 1 日～ 12 月 31 日 9:00 ～ 16:00
※2012 年 1 月 13 日至 1 月 17 日
因設備維修暫停開放

◉美濃屋

右京區太秦堀ケ内町 31-3　☎ 075-871-4672
11:00 ～ 20:00　星期二公休

◉京・太秦豆腐柳瀨

右京區太秦堀ケ内町 31　☎ 075-861-1291
9:00 ～ 19:00　星期日公休

◉廣隆寺

右京區太秦蜂岡町 32　☎ 075-861-1461
9:00 ～ 17:00（12 月～ 2 月底到 16:00）
無休

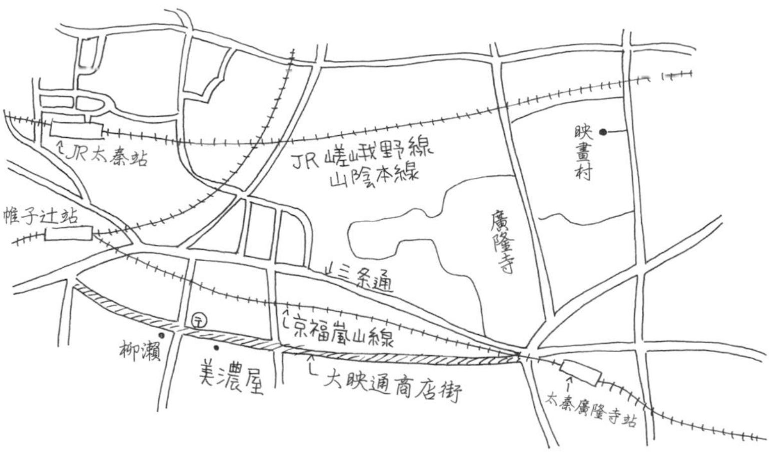

這次的外地人

富田美香小姐

立命館大學映像系副教授。出生於神戶市，因為父母工作的關係，住過日本各地。剛搬到京都的時候，覺得「我現在和以前電影人走在同一條路上吔⋯」。二〇〇〇年開始住在京都。

這次的外地人，是在立命館大學研究京都電影史的富田美香小姐。京都原本被稱為「日本的好萊塢」，富田小姐為了研究從明治時期開始的電影史，特地從東京搬來這裡，這次請她帶我們走訪京都電影史跡。

其實(葛)很愛看日本的老電影，尤其是導演山中貞雄（二次大戰前很活躍，年僅二十九歲就戰死的天才導演，代表作是昭和十二年《人情紙汽球》等）和攝影師宮川一夫（有以下作品：昭和二十五年的《羅生門》、昭和二十八年的《雨月物語》、昭和五十九年的《瀨戶內少年棒球隊》等，是持續拍攝日本好電影的電影界大師）的忠實粉絲，因此(葛)對催生這些天才電影人的京都電影史很有興趣。

帶(葛)走訪各地的富田小姐，是專門研究日本電影草創時期電影史的「老師」，可是和(葛)同年，與其說是「老師」，我倒覺得她看起來像「學生」，態度非常溫和。

二月三日立春前一天，走在賣著惠方卷壽司的京都巷弄，外表看來沉穩，內心卻暗藏對日本電影澎湃熱情的女生，期待著令人驚喜的偶然。從飄著小雨的JR二条站出發，展開探索電影史之旅，兩個人的命運究竟如何呢？

我們一開始先走默片辯士風的路，明治四十三年在二条城片廠拍攝的電影，當然是默片，這座位於二条城西南方的片廠，也是京都的第一座片廠。來到千本通，往北方走一會，會看到出世稻荷神社。這裡的石碑和鳥居還刻著兩個人的名字，一位是被稱為「日本電影之父」的牧野省三，另一人是日本第一個電影明星，

以「眼技松先生」聞名的尾上松之助，這簡直就是電影史跡！

這一天是節分＊，廟裡賣著惠方卷壽司。在留有電影史跡、祈求好運的神社裡吃惠方卷，總覺得很吉利。

接下來我們看著千本通上，當時由牧野省三主持的千本座所在處（現在是有〔無印良品〕的大樓），然後沿著一条通往西走。如果用「電影史」篩選器篩選，這裡真的是寶山，富田小姐搬到京

＊立春、立夏、立秋、立冬的前一天

都，每次走在這裡就開心得不得了。

接下來我們去大將軍八神社。這附近也有片廠，神社旁的柵欄也刻有牧野省三和尾上松之助的名字。也因為是節分，廟裡發給大家紅豆湯，裡面有剛搗好的麻糬，一邊喝著紅豆湯，一邊想著：電影史跡一定很歡迎我們今天的電影史之旅。

當時我們兩人並不知道，我們會這樣想，絕對不是想太多。接下來我們去的電影史跡還有北野天滿宮、等持院附近，又搭乘嵐電到帷子，辻，去看了牧野雅弘導演（牧野省三的長子）自傳中提到的烏龍麵餐廳、浦邊粂子當作食堂的地方、現在已經變成住宅區的等持院片廠和大映片場（占地很廣）。

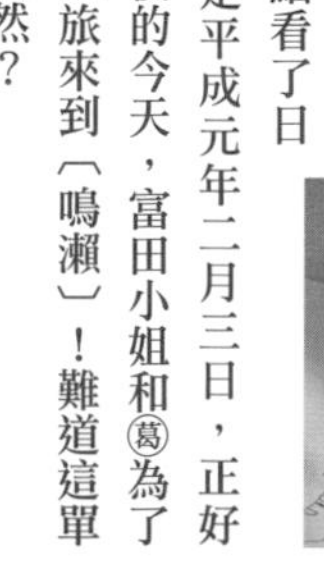

現在松竹和東映的片廠，在二次大戰前，被稱為日活通的大映通商店街。三吉神社的柵欄上被刻有很多日活明星的名字。另外還有一些大明星也來光顧的澡堂、被當作拍片地的壽司店等，和電影史有關的地方不勝枚舉，這附近簡直就是日本的好萊塢，這個電影村範圍之廣，讓我腳走得都疲了。

京都電影史之旅的終點，是㊕以前就想去造訪的西木屋町四条下行的〔鳴瀨〕。這是山中貞雄曾經帶宮川一夫來的店，戰前許多電影人都愛這家餐廳（這種老店能營業到現在，是京都最不可思議的地方），富田小姐：

鳴瀨 下京區西木屋町四条下行

像是要體驗當時電影人的生活般，也點了很多菜，當然也包括宮川一夫吃過的鳥山燒。宮川一夫去世前的幾年前，㊕曾經在京都文化博物館聽他的演講，㊕跟富田小姐說，當時㊕坐在第一排，她說她也看過那場演講的錄影帶，那場演講…我們在說到這場演講的時候，兩個人竟然都不自覺地哭了起來。我們回想起當時宮川先生在演講的最後，彷彿展現出自己電影魂般，大喊「我想拍更多電影」的回憶時，兩個人的淚水就再也止不住了。

今天我們兩人聊電影聊得很高興，但是沒想到最後竟然會掉淚…〔鳴瀨〕老闆還告訴我們「二樓還保留著戰前的模樣」，特別讓我們參觀過去電影人寫劇本的房間，以及光顧過這家店的芳名冊，看到上面有宮川一夫的簽名，讓我們更感動。他晚年有時會來這家店，簽名應該是那時候留下的，仔細看了日期竟然是平成元年二月三日，正好二十年後的今天，富田小姐和㊕為了電影史之旅來到〔鳴瀨〕！難道這單純只是偶然？

不，這一天的電影史之旅一定是攝影師宮川一夫邀約我們來的。富田小姐，一定是這樣的。宮川先生，謝謝你給我們這麼棒的一天…因為節分而備受祝福的電影史之旅就這樣落幕了。

這是什麼店啊……

〔特別收錄漫畫〕

物超所值和看走眼

在京都，一不小心也會看走眼，踏進「黑店」。
在這裡就偷偷告訴大家京都的好心和黑心店。

物超所值和看走眼

各位

喜歡京都嗎？

打扮成舞妓～

有人這麼說

我最喜歡京都了！有悠久歷史又有各種創新每次去都有新的發現

對了，我這件衣服是用在手工市集買的和服修改做成的

也有人這麼說

因為京都人都把觀光客當作肥羊

京都？不必了

為了寫這本書
㊔跑了京都
好多地方
拍

兩位的心情
兩位和我一樣
我非常能夠體會～～
就像有光就有影一樣
這次我也體會到京都也不例外
有「物超所值的地方」
同時也有「地雷區」

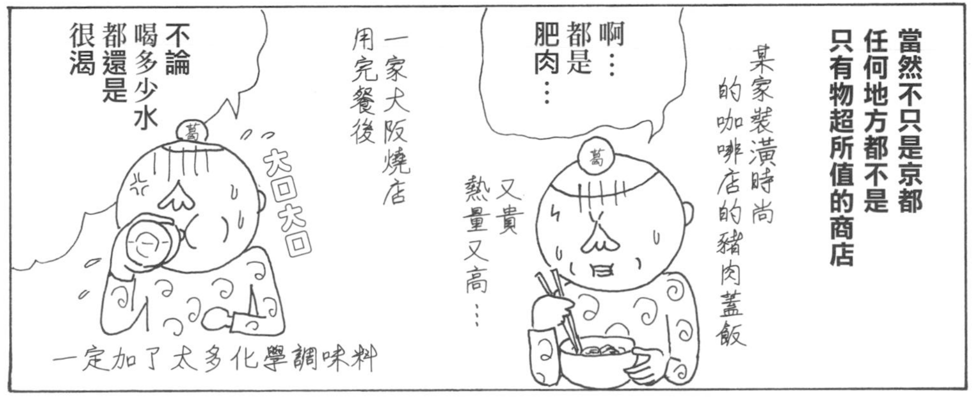

當然不只是京都
任何地方都不是
只有物超所值的商店
某家裝潢時尚的咖啡店的豬肉蓋飯
啊…都是肥肉…
又貴熱量又高…
一家大阪燒店用完餐後
不論喝多少水都還是很渴
大口大口
一定加了太多化學調味料

當然不是只有京都
才會遇到這種不及格的店
一家懷舊的咖啡館
霧茫茫
霧茫茫
霧茫茫
霧茫茫……
不但可以吸菸通風又差
可是京都會有一些
別的地方沒有的狀況

京都特有的失敗①
例如一個朋友的經驗談
吃飽了就走吧
嗯
這是家以
「京都家常菜」聞名的餐廳

兩人站起來以後
啊～
京都人的感嘆詞
嚇到

小姐，湯還沒喝完～
什麼？
整間餐廳都聽得到店員的聲音

同時
在用餐的常客
也跟著附和——
什麼～
真不敢相信～
湯居然沒喝完
我們家的湯很可口，希望妳們要喝完啊～
啊
這
對 對不起……！
因為這樣意想不到的狀況
兩個人尷尬地杵在那裡……

京都特有的失敗②
㊔很緊張地進了一家歷史悠久的酒吧
心跳加速
請問要點什麼？
我是不是不該來啊
呃，那個，有沒有波本威士忌⋯
哪一種波本
有什麼選擇？
⋯⋯
都在那邊
是嗎
和常客聊天
太遠了，看不清楚
那
那個
是，請問要點什麼？
以前常喝的平價品牌
請問有四玫瑰嗎？
我們沒有
各位看倌您可以了解嗎？
和常客聊天（以下省略）
太遠了，看不清楚（以下省略）
⋯⋯
京都特有的失敗指的是
什麼？什麼？我做錯了什麼嗎？是說要我回家的意思？
真的很想哭
欺負客人的店

這些店的共通點
妳連我們的湯的味道都不懂？
妳連波本威士忌的品牌都不懂就想點酒？
他們的態度就是「不想理這些鄉巴佬」

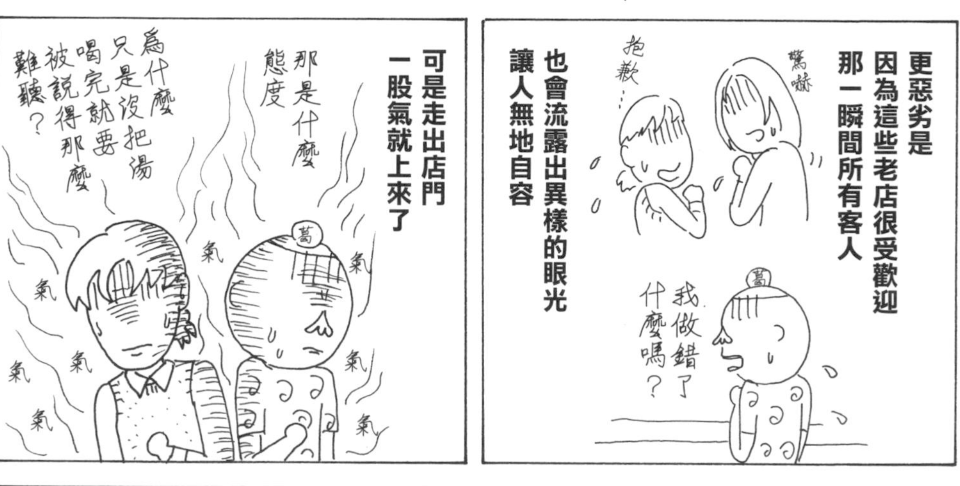
更惡劣是因為這些老店很受歡迎那一瞬間所有客人
驚嚇
抱歉…
也會流露出異樣的眼光讓人無地自容
我做錯了什麼嗎？
可是走出店門一股氣就上來了
那是什麼態度
為什麼只是沒把湯喝完就要被說得那麼難聽？
氣
氣
氣
氣
氣
氣

你是什麼東西!?
那時候真應該好好跟他們吵一架的～
暴衝！
火大
怒氣衝天
這種不愉快的心情持續至少5天
更不甘心的是
波本威士忌一杯1700日圓？
為什麼受到這種待遇還要付錢？
用一千七百日圓……
用一千七百日圓……
收據 1700 日圓
氣炸了
氣炸了

我可以在小松屋
買金鍔或雙葉的豆餅十個
也可以買Flip Up!
的貝果九個
還可以在西陣飯店
吃什錦麵配啤酒
還有得找

舞妓的溫柔婉約裝扮卻大吼

我還可以在荻書房或
善行堂或蘋果書店買十七本一百日圓
的書，也可以進去清水寺四次
還有找！

在京都
有太多物超所值
的地方可去

老字號商店或
被媒體報導的商店
現在超夯
排隊○○商店
特別企畫
一生一定要去的老字號
要注意
有些店
並不以客為尊
當然不是所有老字號商店
或人氣店
都這樣
哇！古早的收銀機吔！
很棒吧～
哈哈哈
叮咚
一家老字號的親切老闆
事實上
很多人氣商店
都有箇中理由

只是京都免不了有一些
這種「欺負客人」的店
所以這個漫畫要提醒讀者
京都也有這樣的店
袖子捲起來—
先打預防針～
啊！被刺了—
然後
先讀過這本書
就不會生氣了

後記

京都人有「死忠」的特性。

平常不太外食，偶爾想吃美食的時候，一定去這家店；

如果買麵包，一定去那家店；買可樂餅的話，一定去這家店；

要吃鯖魚壽司，一定去那家店⋯

他們心中有自己的首選店，絕不變心。

這次㊔打破京都人的成規（？）

去了不曾去過的店，

吃東西、買東西，探索京都「物超所值」的好物。

然後㊔發現，京都不愧是京都。

這裡到處都有被京都人磨練出來的「物超所值」好店，

自然能吸引京都人成為「死忠」的客戶。

這次㊔參觀了京都到處可見的寺廟和美術館，

這是觀光客常做的事，

京都人卻不常做。
至於理由，㊎想是因為他們覺得現在不去也沒關係，反正隨時可以去；
他們也不懂為什麼看自己當地的寶物還需要付錢，
而且本地人付的錢居然和來觀光的外地人一樣多。
至少㊎是這麼認為的。
不過㊎實際去走訪一趟，
發現很多知名的寺廟竟然免費參觀，
即使要收費，也都讓人覺得值回票價。
住在京都還要去觀光名勝，覺得很麻煩，
不想付門票費用，其實是因為京都人最討厭「浪費」。

㊎寫了這本書之後，比以前更尊敬京都了。
希望大家也能品味京都的物超所值，
而且也能找到自己的物超所值好物。
因為京都應該還有很多很多物超所值的好東西。

葛雷哥萊青山

大原 P40
三千院
寂光院
金毘羅山
貴船神社
鞍馬寺
鞍馬温泉
鞍馬
貴船口
鞍馬街道
奥比叡車道
若狭路
水井山
三石岳
西教寺
十三石山
叡山電鉄鞍馬線
実相院
都府
京都市
上賀茂神社
八瀬比叡山口
日吉大社
坂本
比叡山坂本
延暦寺
比叡山
比叡山坂本纜車
京福纜車
烏丸通區 P100
国際会館
宝ケ池
修学院離宮
北山
下鴨神社 P54
曼殊院
詩仙堂
左京區 P92
銀閣寺 P62
出町柳
京都御所
地下鉄烏丸線
烏丸御池
寺町通區 P116
平安神宮 P58
錦市場區 P108
三条
二条
八坂神社
高台寺 P34
烏丸
河原町
丹波口
商店街 P124
京都
清水寺 P16
祇園 P26
山科
京都東
東福寺
三十三間堂 P10
伏見稲荷大社
稲荷
東寺 P46
近鉄京都線
京都車站區 P82
竹田
京阪本線
奈良線
JR藤森
阪神高速京都
京都南
丹波橋
醍醐
醍醐寺
上醍醐
勧修寺
地下鉄東西線
東海道新幹線
音羽山隧道
名神高速道路
大津SA
大津
膳所
東海道本線
仰木雄琴
雄琴温泉
湖西道路
湖西線
坂本北
下阪本
唐崎
京阪石山坂本線
琵琶湖
滋賀県
大津市
近江神宮
大津京
皇子山運動公園
三井寺
渚公園
近江大橋
石山
瀬田西
石山寺
千頭岳
京滋モ迴道路
南郷温泉
野天満宮 P48
大徳寺
367
1
24
161
422

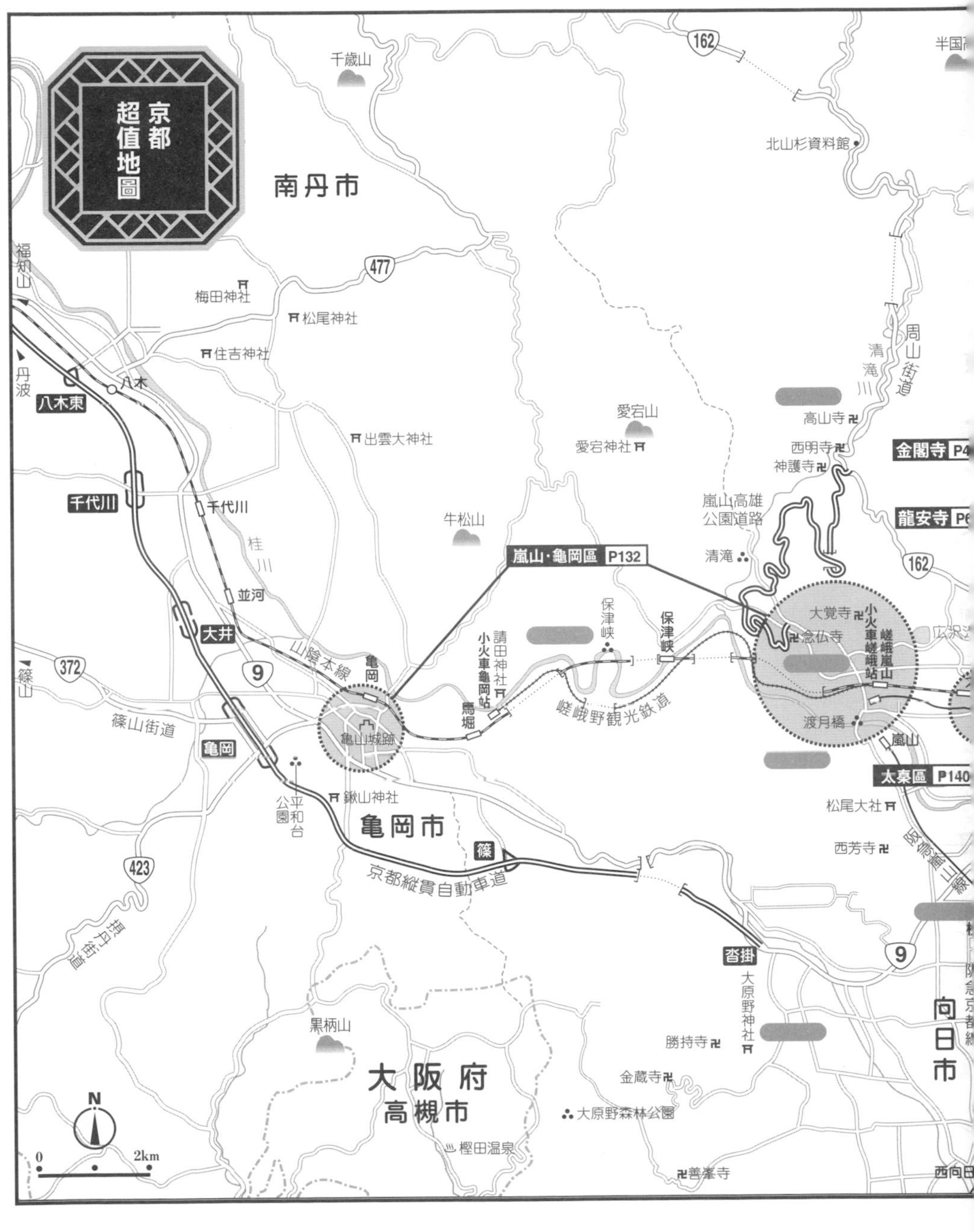
京都超值地圖
南丹市
千歲山
北山杉資料館
半国高山
福知山
梅田神社
松尾神社
住吉神社
丹波
八木
八木東
愛宕山
愛宕神社
出雲大神社
清滝川
周山街道
高山寺
西明寺
神護寺
金閣寺 P4
龍安寺 P6
嵐山高雄公園道路
千代川
牛松山
桂川
嵐山·亀岡區 P132
清滝
並河
保津峡
請田神社
小火車亀岡站
大覚寺
念仏寺
小火車嵯峨站
嵯峨嵐山
広沢池
大井
山陰本線
亀岡
篠山
篠山街道
馬堀
嵯峨野観光鉄道
亀山城跡
渡月橋
嵐山
太秦區 P140
平和台公園
鍬山神社
亀岡市
松尾大社
篠
西芳寺
京都縦貫自動車道
阪急嵐山線
摂丹街道
沓掛
大原野神社
阪急京都線
向日市
黒柄山
勝持寺
金蔵寺
大阪府
高槻市
大原野森林公園
樫田温泉
善峯寺
西向日
0
2km
N
162
477
372
9
423

優遊・Life & Leisure

在地京都人帶你超值遊京都

2012年5月初版　　定價：新臺幣280元

著　　者　葛雷哥萊青山
譯　　者　王麗芳
發 行 人　林載爵

叢書編輯　林亞萱
日文美編　中井有紀子
內文排版　林淑慧
封面完稿　許晉維

出 版 者　聯經出版事業股份有限公司
地　　址　台北市基隆路一段180號4樓
編輯部地址　台北市基隆路一段180號4樓
叢書主編電話　(02)87876242轉222
台北聯經書房：台北市新生南路三段94號
電　　話：(02)23620308
台中分公司：台中市健行路321號
暨門市電話：(04)22371234ext.5
郵政劃撥帳戶第0100559-3號
郵撥電話：(02)23620308
印 刷 者　文聯彩色製版印刷有限公司
總 經 銷　聯合發行股份有限公司
發 行 所：台北縣新店市寶橋路235巷6弄6號2樓
電　　話：(02)29178022

行政院新聞局出版事業登記證局版臺業字第0130號

本書如有缺頁，破損，倒裝請寄回台北聯經書房更換。　ISBN 978-957-08-3963-0 (平裝)
聯經網址：www.linkingbooks.com.tw
電子信箱：linking@udngroup.com

國家圖書館出版品預行編目資料

在地京都人帶你超值遊京都/葛雷哥萊
青山著．王麗芳譯．初版．臺北市．聯經．2012
年5月（民101年）．160面．15.1×20公分
（優遊・Life & Leisure）
ISBN　978-957-08-3963-0（平裝）

1.旅遊樂　2.日本京都市

731.75219　　101001958